Frank Völker

Einmal Kleinmachnow – Melle und zurück

Frank Völker

Einmal Kleinmachnow – Melle und zurück

Erlebnisse, Erfahrungen und Erkenntnisse aus dem 20. Jahrhundert

TvR

1. Auflage
© 2009 by Frank Völker
Verlag: Thuß & van Riesen Medienverlag GbR,
Postfach 110111, D-07722 Jena
info@TvRMedienverlag.de, www.TvRMedienverlag.de
Lektorat: Dr. Holger Thuß
Abbildungen: © Autor
Herstellung: Books on Demand GmbH, Norderstedt
info@bod.de, www.bod.de

Printed in the E.U.

ISBN 978-3-940431-12-7

Vorbemerkung

Wenn man mit jungen Leuten spricht oder diskutiert, wird man oft gefragt „Wie war das damals?" oder „Warum ist dieses oder jenes so geschehen?" Nach meinen Antworten und Erklärungen wurde mir schon häufiger gesagt: „Du erzählst so spannend, warum bringst du das nicht zu Papier?" Das ist die Anregung, Erinnerungen an das zwanzigste Jahrhundert niederzuschreiben. Man sagt zwar immer, jede Generation muss aus den eigenen Fehlern klug werden. Vielleicht können Erfahrungen aus der Vergangenheit aber doch etwas dazu beitragen, dass einige Fehler nicht wiederholt werden, oder dass einiges besser gemacht wird.

F. V., Herbst 2008

1. Kapitel

Geboren wurde ich am 29. September 1934 in Berlin-Wilmersdorf. Meine Eltern wohnten zur damaligen Zeit im Ostteil der Stadt. Eigene Erinnerungen an die Prenzlauer Allee habe ich natürlich nicht. Im Sommer 1939 zogen meine Eltern nach Kleinmachnow, einem südwestlichen Vorort von Berlin. Jetzt beginnt das eigene Erinnerungsvermögen. Kleinmachnow war und ist auch heute noch ein richtiges Paradies für Kinder. Für einen Stadtjungen war ein eigenes Haus im Grünen mit Garten und direkt am Wald gelegen schon ein tolles Erlebnis. Viele junge Familien zogen in den dreißiger Jahren nach Kleinmachnow, sodass auch für gleichaltrige Freunde gesorgt war. Besonders viel Spaß machte es mir, Gärtner Zastrow beim Anlegen des Gartens zu helfen. Natürlich habe ich ihm dabei mehr im Wege gestanden als geholfen.

Für meine Eltern dauerte die unbeschwerte Zeit im neuen Haus leider nicht lange. Am 1. September 1939 begann der 2. Weltkrieg mit dem Polen-Feldzug. Als Kind hat man vom Krieg zunächst überhaupt nichts gemerkt. Als Junge spielte man damals mit Soldaten und konnte sich unter Krieg eigentlich nichts Konkretes vorstellen. Ich kann mich nur erinnern, dass sich mein Vater besondere Befürchtungen nicht anmerken ließ, während meine Mutter sofort bei Kriegsbeginn besorgt und skeptisch war. Ihr erster spontaner Ausspruch war „Krieg bringt nie etwas Gutes."

Zunächst ging das Leben aber ziemlich ungestört weiter. Im Radio hörte man Siegesmeldungen und der Polen-Feldzug war nach kurzer Zeit gewonnen.

Auch während des Krieges mit Frankreich und den Benelux-Ländern hörte man viele Sondermeldungen des Oberkommandos der Wehrmacht. Als der Krieg im Westen zunächst siegreich beendet war, herrschte in Deutschland richtige Begeisterung. Die siegreichen Truppen wurden in Berlin mit Jubel empfangen. Dabei handelte es sich meines Erachtens um eine Mischung aus Siegesfreude und Hurra-Patriotismus, gepaart mit der Erleichterung und der Erwartung, jetzt das Schlimmste überstanden zu haben. Viele Deutsche hatten noch den ersten Weltkrieg in Erinnerung, in dem Frankreich bekanntlich nicht besiegt werden konnte. Deshalb gaben sich viele nach dem relativ schnellen Sieg im Westen der Hoffnung hin, der Krieg sei weitgehend gewonnen. Wie sich jedoch bald herausstellte, ein tragischer Trugschluss.

In dieser Zeit muss es gewesen sein, dass ich zum ersten mal persönlich vom Krieg betroffen war. Mein Vater fuhr ein Kabriolett, und diese Autos waren für die Wehrmacht besonders geeignet. Also musste auch unser Wagen eines schönen Tages in Potsdam abgeliefert werden. Mein Vater erklärte mir zwar ausgiebig die Notwendigkeit, meine patriotischen Gefühle hielten sich jedoch in Grenzen und ich fragte den PKW-Schätzer: „Könnt ihr den Krieg nicht ohne unser Auto gewinnen?"

Die Lacher waren unbeabsichtigt auf meiner Seite und ich wurde oft noch für diesen Ausspruch veräppelt. Mein Vater erklärte mir, dass die Wehrmacht für das Auto einen fairen Preis bezahlt hat und zum Trost bekam ich ein silbernes Fünfmarkstück für die Sparbüchse. Wie sieh später jedoch herausstellte, war der faire Preis allerdings relativ, denn nach 1945 war die Reichsmark nichts mehr wert.

Man brauchte also Autos und anderes Kriegsgerät nicht, weil der Krieg nach dem Sieg im Westen beendet war, sondern weil er erst richtig schrecklich beginnen sollte.

Auch für unsere Familie rückte der Krieg jetzt näher. Im April 1941 wurde mein Vater zur Wehrmacht eingezogen. Beim Abschied tröstete er mich noch mit der Erklärung, dass die Soldatenausbildung nur vorsorglich sei. Im Prinzip sei der Krieg doch schon vorbei. Als am 22. Juni 1941 der Überfall auf die Sowjetunion begann, war klar, dass die Ausbildung doch nicht nur vorsorglich sein sollte. Ich kann mich noch genau erinnern, dass meine Mutter an diesem Tage sehr betrübt und besorgt war.

Sie sagte: „Jetzt wissen wir, warum der Vati zu den Soldaten eingezogen wurde." Und sie erzählte mir von Napoleon, der mit einem großen Heer Rußland nicht besiegen konnte. Im Herrenzimmer wurde eine große Landkarte der Sowjetunion aufgehängt, und meine Mutter erklärte mir die gewaltige Größe des Landes im Verhältnis zum deutschen Reich. Auch erzählte sie von den schrecklich strengen Wintern in Rußland. Alle Befürchtungen sollten sieh im Laufe der Zeit bewahrheiten. Zunächst trat ein, was meine Mutter erwartet hatte – die ersten Feldpostbriefe meines Vaters kamen von der Ostfront. Genaue Ortsangaben waren nicht erlaubt, aber aus einigen Beschreibungen konnte man den Aufenthaltsort ableiten. Jetzt wurden die Radionachrichten besonders aufmerksam gehört. In den folgenden Monaten gab es viele Sondermeldungen des Oberkommandos der Wehrmacht. Große Geländegewinne und erfolgreiche Kesselschlachten mit Zehntausenden gefangenen Russen wurden gemeldet. Sollte Hitler auch im Osten erfolgreich sein? Meine Mutter war skeptisch und zeigte mir auf der Landkarte wie klein der bisher eroberte Teil Rußlands war.

Im September 1941 war meine Einschulung. Der Anmarsch zur Eigenherdschule betrug etwa eine Stunde. „Gestorben" sind wir an dieser Entfernung aber nicht. Im Sommer war der Schulweg kein Problem. Wenn es im Winter besonders kalt war, bekamen wir 10 oder 20 Pfennig und durften ein Drittel des Weges mit dem BVG-Bus fahren. Problematisch wurde der Schulweg erst in den letzten Kriegsjahren. Wenn „feindliche Bomberverbände im Anflug auf die Reichshauptstadt waren", gab es Voralarm und dann wurden wir nach Hause geschickt. Es kam manchmal auch vor, dass wir auf dem Heimweg vom Hauptalarm überrascht wurden und die Flak zu schießen begann. Dann hieß es rennen, rennen, rennen. Ich ging gerne zur Schule und schwärmte von meiner Lehrerin Frau Fröhlich. Von direkter nationalsozialistischer Erziehung war bei den ABC-Schützen wenig zu spüren. Allerdings gab es den Fahnenappell, und der Schultag begann nicht mit einem „guten Morgen", sondern mit „Heil Hitler".

1941, im Jahr meiner Einschulung, war das Leben in Kleinmachnow und in Berlin noch relativ normal. Es gab zwar Lebensmittelkarten, aber die Versorgung war ordentlich. Die Verkehrsmittel fuhren ohne große Einschränkung, und bei Berlin-Besuchen bekam man in den Cafés am Kurfürstendamm noch Kuchen und leckere Torten.

Anlässlich eines Besuches in Ostberlin hatte ich auch meine erste Berührung mit der Judenproblematik. Meine Mutter und ich saßen in der Straßenbahn als eine ältere Dame zustieg. Wir waren damals so erzogen, dass wir automatisch aufstanden, wenn eine ältere Person in S- oder U-Bahn, im Bus oder eben in der Straßenbahn keinen Platz fand. So stand ich also brav auf und bot meinen Platz an. Die ältere Dame lehnte jedoch ab und sagte: „Vielen Dank mein Junge, ich bleibe aber lieber stehen", worauf meine Mutter erwiderte: „Setzen sie sich ruhig, mein Junge steht gern auf." Als sich die Frau dann doch gesetzt hatte, polterte ein Mann mächtig los, „so weit kommt es noch, dass ein deutscher Junge vor Juden aufsteht, Juden dürfen überhaupt keine Sitzplätze einnehmen."

In der Straßenbahn herrschte zunächst eisiges Schweigen, die ältere Frau stand auf und ging in den vorderen Teil. Ein anderer Mann meinte im besten Berlinjargon: „Nu pluster dir mal nich so uff, der Junge hat doch keen Verbrechen bejangen!" Meine Mutter sagte nur: „Hier stinkt es, wir steigen aus." Beim Aussteigen murmelte sie noch halblaut zu der älteren Dame: „Gewitternazi", und schon standen wir auf der Straße.

Ich wusste überhaupt nicht, was ich sagen sollte und war völlig verblüfft. Meine Mutter fragte mich, ob ich an der Jacke der Frau den gelben Stern gesehen hätte, was ich bejahte. Sie erklärte mir, dass alle Juden gelbe Sterne tragen müssten, dass sie jetzt kaum noch Rechte hätten und verfolgt werden. Sie erzählte mir, dass sie in ihrer Jugend viele jüdische Klassenkameradinnen und sogar Freundinnen gehabt hätte. Sie sagte, „die Juden sind Menschen wie wir, und es war schon richtig, dass du aufgestanden bist."

Ich fühlte, dass sie verärgert und besorgt war. Jetzt dämmerte mir auch, warum wir Tante Friedel Levy immer nur bei Dunkelheit besuchten. Sie war Eigentümerin eines kleinen Konfektionsbetriebes in Ostberlin. Ich glaube, man nannte diese Kleinunternehmer damals Zwischenmeister. Wenn wir dort zu Besuch waren, durfte ich mir den kleinen Betrieb mit den Nähmaschinen ansehen und die Frauen unterhielten sich leise. Danach haben wir über dieses Thema lange nicht gesprochen, erst am 31. Dezember 1944 wurde es wieder akut. Ich kann mich an diesen Silvestertag noch genau erinnern. Es war das letzte Kriegsjahresende. Aus irgendwelchen Gründen wollte ich am späten Nachmittag oder am Abend noch ein Bad nehmen. Meine Mutter war dagegen, vielleicht auch, weil sie Alarm befürchtete. Im Rahmen einer heißen Diskussion fiel dann von mir der Satz: „Ich gehe doch nicht ungebadet ins neue Jahr, ich bin doch kein dreckiger Jude!" Und schon hatte ich mir – was ganz selten vorkam – eine deftige Backpfeife eingehandelt.

Danach wollte meine Mutter von mir wissen, wie ich zu dieser Ansicht gekommen sei. Und ich erzählte ihr von den illustrierten Zeitungen und von der Wochenschau im Kino. Tatsächlich wurden die Juden dort dreckig und zerlumpt gezeigt. Obwohl ich von meiner Mutter bereits über die Problematik aufgeklärt war, hat die NS-Propaganda also doch gewirkt. Am Silvesterabend haben wir noch längere Zeit diskutiert. Meine Mutter meinte, wenn Menschen längere Zeit verfolgt werden, auf der Flucht sind und sich nicht waschen, sehen alle gleich dreckig und zerlumpt aus, egal ob Christen oder Juden. Diese Aussage bewahrheitete sich leider bald beim Anblick deutscher Flüchtlinge aus den Ostgebieten.

Es wird immer wieder die Frage gestellt, wie es zu den schrecklichen Judenverfolgungen und Vernichtungen kommen konnte und warum so relativ wenige Deutsche dagegen protestiert haben. Spätestens nach der „Reichskristallnacht" muss der deutschen Bevölkerung klar gewesen sein, dass den Juden Unrecht zugefügt wurde. Allerdings war zu diesem Zeitpunkt die NS-Diktatur bereits fest etabliert. In einer Diktatur haben normale Bürger – auch wenn sie strikt gegen bestimmte Zustände oder Entwicklungen sind – nur geringe Möglichkeiten, diese zu ändern. Das gilt natürlich besonders in Kriegszeiten. Viele der heutigen Gutmenschen, die Unverständnis und Verachtung zeigen für die Generation, die in der NS-Zeit leben musste, haben nie in einer Diktatur gelebt. Ob sie dann in Wort und Schrift auch so mutig gewesen wären, wage ich zu bezweifeln.

Was kann nun getan werden, um eine Diktatur bzw. ein derartiges Drama wie die Judenvernichtungen Zukünftig zu verhindern? Zunächst sollte es sich jeder Wahlbürger – sei er auch noch so verärgert – gründlich überlegen, ob er seine Stimme einem Demagogen von rechts außen oder links außen geben soll. Die zum Regieren gewählten Politiker sollten auch tatsächlich regieren, nach Möglichkeit sogar noch gut, und nicht nur lavieren und taktieren wie zum Teil in der Weimarer Republik geschehen. Staats- und Parteienverdrossenheit zeigen sich zuerst in einer niedrigen Wahlbeteiligung und danach profitieren davon die Extremisten. Das Verhältnis zu den Juden müssen wir meines Erachtens normalisieren. Ich meine dabei nicht, dass wir zur Tagesordnung übergehen und das Geschehene vergessen sollen. Nein, ganz im Gegenteil, die Vergangenheit muss als warnendes Beispiel immer in Erinnerung bleiben. Nur für die Zukunft sollte wieder eine Art von Normalität einkehren.

Meine Mutter sagte damals zu mir, „Juden sind Menschen wie wir", und so sollte auch unser Verhältnis zu ihnen sein. Es sollte also weder Bevorzugung noch Benachteiligung geben. Ich denke, dass man in der Kaiserzeit vor 1918 und auch in der Weimarer Republik diesem Zustand ziemlich nahe war. Damals waren Juden in Wirtschaft, Wissenschaft, Kunst und Kultur angesehene und geachtete deutsche Bürger.

Es sollte aber auch möglich sein, den Staat Israel für bestimmte Handlungen zu kritisieren oder einen Juden für unsympathisch zu halten ohne gleich in den Verdacht zu geraten, ein Antisemit zu sein. Der Weg in die Normalität verhindert neue Aversionen und Ressentiments.

Nun aber zurück zur Jahreswende 1941/42. Im Januar 1942 wurde mein kleiner Bruder geboren. Zum Einhüten war meine Großmutter nach Kleinmachnow gekommen. Unser Hausmädchen war zu dieser Zeit schon „dienstverpflichtet" bei Bosch tätig. Unmittelbar nach unserem Besuch in der Entbindungsklinik bei meiner Mutter haben Oma Völker und ich ein Telegramm oder einen Feldpost-Eilbrief an meinen Vater aufgegeben. Mein Vater wusste von der Schwangerschaft nichts, weil meine Mutter ihn nicht unnötig beunruhigen wollte.

Nach einigen Tagen schrieb auch Tante Katja, eine Freundin meiner Mutter, an meinen Vater. Der Brief erreichte meinen Vater noch vor unserem Telegramm, und so erfuhr er von der Geburt seines zweiten Sohnes auf merkwürdige Weise. Tante Katja begann ihren Brief wie folgt: „Lieber Walter, in Berlin erzählt man sich zurzeit folgenden kleinen Witz. Zwei Berliner Jungs im Vorschulalter unterhalten sich und einer fragt den anderen willste später och heiraten? Ja ein hübsches Mädchen. Willste och Kinder? Nee die stören nur und brüllen immer. Und wat machste, wenn se heimlich brütet? In diesem Sinne, lieber Walter, herzliche Glückwünsche zur Geburt des zweiten Sohnes."

Allzu lustig wurden die nächsten Jahre leider nicht. Die Luftangriffe steigerten sich von Monat zu Monat. Zunächst hatte man keine Angst vor den Angriffen, es war nur lästig nachts aufzustehen und mit dem Baby in den ungemütlichen Luftschutzkeller zu gehen. Anfangs sammelten wir begeistert die Splitter der Flak-Granaten. Sie waren buntschillernd und hatten die bizarrsten Formen. Es fand ein reger Tausch mit diesen Splittern statt. Später gab es aber so viele davon, dass die Sammelleidenschaft rasch einschlief.

Die Angriffe erfolgten zuerst hauptsächlich nachts und galten Berlin. Als dann aber auch die ersten Bomben auf Kleinmachnow fielen und einige Häuser zerstörten, bekam man auch als Kind ein „mulmiges Gefühl". Auch die Nachrichten von der Front wurden gedämpfter. Ich weiß noch genau, dass wir 1941/42 einen frühen und harten Winter hatten. In Rußland war natürlich das Wetter noch extremer. Der deutsche Angriff auf Moskau geriet ins Stocken. In der Heimat wurden fieberhaft „warme Sachen" für die Soldaten an der Ostfront gesammelt, und meine Mutter sagte: „Da läuft nicht mehr alles nach Plan."

Im Herbst 1942 konnte mein Vater erstmals seinen zweiten Sohn begutachten. Er hatte den Heimaturlaub nur bekommen, weil er sich freiwillig für die Bewachung eines Rücktransportes unbrauchbarer Munition nach Deutschland gemeldet hatte. Nach seinen Schilderungen muss diese Eisenbahnfahrt nicht ganz ungefährlich gewesen sein. Die Reichsbahner hatten vor die Lokomotive drei leere flache Waggons gespannt um zu verhindern, dass bei Hindernissen oder gesprengten Gleisen die Lok beschädigt wird. Mein Vater erzählte, dass sie, die Bewachungsmannschaft, auf der tagelangen Fahrt durch Rußland ständig Angst vor Partisanen gehabt hätten, aber Gott sei Dank ist alles reibungslos verlaufen. Einmal erwähnte mein Vater auch die schrecklichen Wintermonate und die Probleme beim technischen Gerät. Bei den hohen Minustemperaturen sprangen die Panzer- und LKW-Motoren oftmals nicht an und die Fahrzeuge mussten beim Rückzug zurückgelassen werden. Als ich nicht direkt am Gespräch beteiligt war, hörte ich meinen Vater zu meiner Mutter sagen: „Manchmal frage ich mich, was wir überhaupt in diesem bitterarmen Land wollen." Allgemein wurde damals gesagt, dass das deutsche Volk mehr Raum benötigt („Volk ohne Raum"!). Heute klingt diese Aussage skurril. 60 Jahre später geben die notorischen Schwarzmaler die Losung „Raum ohne Volk" aus. Sicher sind beide Behauptungen falsch.

Im Laufe des Jahres 1942 nahmen die Bombenangriffe kontinuierlich zu. Von der Ostfront gab es jedoch zunächst wieder positive Meldungen, die darin gipfelten, dass Stalingrad eingenommen werden konnte. Die Berichte aus oder über Stalingrad verdunkelten sich aber zusehens. Auch als Kind konnte man beim Hören der Nachrichten begreifen, dass hier eine große Tragödie ablief. Zuerst waren die Meldungen nur positiv, dann wurde berichtet, dass die 6. Armee in Stalingrad eingeschlossen war. Immer wieder war von heldenhaften Kämpfen der deutschen Wehrmacht die Rede. Schließlich musste in einer Sondermeldung die Kapitulation der Reste der 6. Armee bekannt gegeben werden.

Auch wenn damals alle offiziellen Nachrichten geschönt waren und das ganze Ausmaß des Desasters erst nach Kriegsende bekannt wurde, haben die meisten Deutschen erkannt, dass die Wehrmacht eine schwere Niederlage erlitten hatte. Als wir im Winter 1943 am Radio saßen und die Sondermeldung von der Kapitulation der 6. Armee hörten, herrschte eine gedrückte Stimmung, und auch als Kind konnte man ahnen, dass eine Katastrophe passiert war. 1943 nahmen die Luftangriffe auf Berlin weiter zu. Vor allen Dingen hörte man von sehr schweren Angriffen auf westdeutsche Städte und auf Hamburg.

In Berlin wurden riesige Luftschutzbunker gebaut. Wenn wir aus Ostberlin kamen, sah man in Höhe der S-Bahn-Station Humboldthain einen solchen Bunker entstehen. Trotz allgemeiner Verdunkelung war dieser Bau hell erleuchtet. Es wurde Tag und Nacht daran gearbeitet. Meine Mutter sagte zu mir: „Wenn man so riesige Luftschutzbunker baut, erwartet man sicherlich noch stärkere Angriffe." Und sie eröffnete mir, dass wir für einige Zeit zu Tante Clara und Onkel August nach Ostpreußen ziehen würden. Einige Sachen wurden vorausgeschickt, und im Frühsommer 1943 war es dann soweit, dass wir mit Sack und Pack in den Zug nach Ostpreußen steigen konnten. Mein Vater hatte zu dieser Zeit seinen letzten Heimaturlaub und konnte uns so noch bei allen Reisevorbereitungen helfen.

Wir sollten uns danach für lange Zeit nicht mehr sehen. Allerdings hatte mein Vater bei Ende dieses Urlaubs großes Glück. Er wurde aus Gründen, die er auch nicht kannte, nach Italien versetzt. Unser Haus in Kleinmachnow wurde zwischenzeitlich von Bekannten meiner Mutter, einem älteren Ehepaar aus Ostberlin, gehütet. Und wir, meine Mutter, mein Bruder und ich, landeten nach langer Bahnfahrt in Tarden, einem kleinen Dorf bei Osterode. Tante und Onkel empfingen uns äußerst warmherzig und liebevoll, aber trotzdem war mir in den ersten Tagen zum Heulen zumute.

Ich kann mich noch genau daran erinnern, dass ich kurz nach unserer Ankunft zu meiner Mutter sagte: „Lass uns zurückfahren, warum soll ausgerechnet unser Haus von einer Bombe getroffen werden?"

In Tarden war eben alles anders als in Kleinmachnow. Der Bauernhof mit Pferden, Kühen, Schweinen, Geflügel, Küken Hund und Katzen und einem großen Misthaufen war natürlich weniger komfortabel als ein neues Einfamilienhaus. Das Dorf war nicht vergleichbar mit Kleinmachnow, und in der Schule gab es nur einen einzigen Klassenraum für alle Schüler. Und meine Kleinmachnower Klassenkameraden und Freunde und meine kleine Freundin waren auch nicht da.

Doch recht bald änderte sich meine Einstellung zu den neuen Verhältnissen. Der Lehrer war eigentlich sehr nett. Er erklärte mir, dass er sich besonders um mich kümmern werde, damit ich später in Berlin den Anschluss an meine Klasse finden kann. Der gemeinsame Unterricht mit den älteren Schülern war auch interessant, weil man teilweise schon den Lehrstoff der höheren Klassen erlernte. Vor den Tieren hatte ich bald keine Angst mehr, im Gegenteil, der Umgang mit diesen Geschöpfen war äußerst spannend, wenn man ihnen zum Beispiel das Fressen bringen durfte. Das Schlachten von Geflügel und Schweinen fand ich natürlich zuerst überhaupt nicht gut, aber man gewöhnt sich auch daran. Besondere Freude bereitete mir, wenn ich bei der Ernte „helfen" durfte. Noch interessanter war es, mit Onkel August zum Transport von Holz oder Langholz in den Wald fahren zu dürfen.

Mit der Dorfjugend freundete ich mich auch recht schnell an, und so fühlte ich mich bald sehr wohl in Ostpreußen. Vor allen Dingen gab es in Tarden weder nachts noch am Tage Fliegeralarm. Als Kind hatte man im Sommer 43 deshalb fast den Eindruck, es herrsche Frieden. Unterstützt wurde dieses Gefühl durch die herrliche friedliche Landschaft.

Dieser oberflächliche Eindruck war natürlich trügerisch. Genau wie mein Vater waren auch in Tarden alle Männer im wehrpflichtigen Alter beim Militär. Der Sohn von Onkel August und Tante Clara lag mit seiner Einheit vor Leningrad und die Tochter war als Nachrichtenhelferin dienstverpflichtet. So war das Thema Krieg trotz der friedlichen Umwelt aus allen Gesprächen und Handlungen nicht zu verdrängen. Besonders bedrückend war die Stimmung, wenn die Meldung eintraf, dass ein Mann aus dem Dorf gefallen sei. Auch in Kleinmachnow wurden schon Gefallene beklagt, aber es war alles anonymer.

Ich kann mich erinnern, dass in Kleinmachnow ein Mädchen aus einer anderen Klasse schrecklich weinte, weil ihr Vater gefallen war. Sie wurde dann nach Hause geschickt und man ging zur Tagesordnung über. In Tarden dagegen sprachen sich solche Hiobsbotschaften in Windeseile im ganzen Dorf herum. Es hieß dann zum Beispiel, Müllers Fritz ist gefallen, und ein allgemeines Wehklagen erfasste die gesamte Dorfgemeinschaft.

Die allgemeine Versorgung war in Tarden anders als in Berlin. Bei Getreide, Mehl, Kartoffeln, Milch und Fleisch waren die Bauern Selbstversorger. Lebensmittelkarten gab es nur für die anderen

Dinge des täglichen Bedarfs wie Zucker. Die Verpflegung war weniger abwechslungsreich, einfacher und deftiger als in Berlin. Das selbstgebackene Brot, die hausgemachten Wurstsorten und der Schinken schmeckten jedoch sehr lecker. Dazu muss man sagen, dass Anfang 1943 die Versorgung in Berlin noch recht gut war. Der Winter 1943/44 entsprach den typischen Vorstellungen von Ostpreußen: kalt und viel Schnee. Besonders romantisch empfand ich es, wenn Onkel August am Sonntag die Pferde vor den Schlitten spannte und eine Schlittenfahrt ins Nachbardorf zur Schwiegertochter unternommen wurde.

Der Sommer 1944 war besonders von zwei Ereignissen geprägt. Zunächst erfuhren wir von der Invasion der Westalliierten in der Normandie. Unser Lehrer sagte ganz ehrlich, dass eine schwierige militärische Lage eingetreten sei, Deutschland müsse nun einen Zweifrontenkrieg führen. Für uns Jungs war es ein echter Schock, denn in der NS-Propaganda hieß es zuvor immer, der Atlantikwall sei uneinnehmbar. Die Besorgnis wuchs, weil auch von den anderen Fronten zunehmend negative Meldungen kamen. Immer öfter wurde im Radio von „planmäßigen Rückzügen" und „Frontbegradigungen" gesprochen.

Das zweite Großereignis war das Attentat auf Hitler am 20. Juli 1944. Im Radio wurde damals nur gemeldet, dass das Attentat missglückt und der Führer unverletzt sei. Am späten Abend wurde aus dem Führerhauptquartier eine Ansprache Hitlers an das Volk übertragen.

Für einen deutschen Jungen war es der nächste Schock, dass jemand ein Attentat auf den Führer verüben wollte. Deshalb war ich richtig entsetzt, als ich hörte, wie mein geliebter Uronkel nach der Ansprache des Führers im Flur leise zu meiner Mutter sagte: „Vielleicht wäre es besser für Deutschland, es hätte geklappt."

Später fragte ich meine Mutter, warum Onkel August das gesagt hat. Sie antwortete mir: „Na ja, Onkel August meint, vielleicht geht ohne den Führer der schreckliche Krieg früher zu Ende, aber du darfst mit niemanden darüber reden!"

In den Tagen nach dem 20. Juli wurden sogar die russischen Kriegsgefangenen genauer bewacht. Solche Gefangenen, die im Wald Holzarbeiten durchführten, waren hinter dem Hof meines

Onkels untergebracht. Normalerweise war der deutschen Bevölkerung der Kontakt mit den Russen verboten. Aber so genau nahmen die Wachsoldaten ihre Aufgabe nicht. Manchmal wurde den Gefangenen Lebensmittel zugesteckt.

Die genaue Bewachung in diesen Tagen hing wahrscheinlich damit zusammen, dass die Wolfsschanze, das damalige Führerhauptquartier gar nicht weit entfernt war. Das ahnte natürlich damals keiner im Dorf. Ich glaube jedoch nicht, dass die Gefangenen überhaupt flüchten wollten. Wenn sie gewollt hätten, bestanden im Wald viele Möglichkeiten. Die Gefangenen waren mit Axt, Beil und Säge für die Waldarbeit ausgerüstet. Sie hätten die beiden Wachsoldaten ohne weiteres töten können, aber das kam ihnen gar nicht in den Sinn.

In diesen Tagen war mein kleiner Bruder mal wieder zur Russenscheune gewackelt, obwohl er das nicht sollte. Das muss für ihn zu interessant gewesen sein, und außerdem bekam er von den Russen öfter Holzspielzeug geschenkt, das sie selbst gebastelt hatten. Ich sollte meinen Bruder zurückholen und war zum ersten Mal in der Russenunterkunft. Diese war ganz schön „spartanisch" und ein Russe, der schon etwas deutsch sprach, muss meinen entsetzten Blick gesehen haben. Er sagte fast beruhigend zu mir: „Hier gutt, Krieg nix gutt." Das gab mir doch zu denken. Wie schlimm muss der Krieg für diese Menschen gewesen sein, wenn sie diese Zustände als gut bezeichnen.

Der Krieg kam immer näher. In den Sommerferien 1944 wurde angeordnet, dass alle Evakuierten Ostpreußen verlassen müssten. Offiziell hieß es, die Räumlichkeiten werden für die Wehrmacht benötigt, für Ostpreußen bestünde natürlich keine Gefahr. Wir hätten in Tarden bleiben können, aber meine Mutter erklärte mir, dass es wohl besser sei, sich den Evakuierten anzuschließen.

An einem schönen Vormittag brachten die Dorfbewohner „ihre" Evakuierten zum Sonderzug nach Schlesien. Am Bahnsteig herrschte eine wehmütige Stimmung. Man hatte sich aneinander gewöhnt, und nun kam die Trennung. Die Abreisenden fuhren ins Ungewisse, und die Zurückbleibenden machten sich Sorgen für die Zukunft.

Die Bahnfahrt nach Schlesien verlief völlig problemlos. Der Zug fuhr nur durch Gebiete, die vom Krieg, also von Luftangriffen, unberührt waren. Die Fahrt stand unter der Losung „Mutter und Kind". Unterwegs wurden wir noch mehrmals vom NS-Frauenbund mit Getränken und Speisen versorgt.

Ziel der Fahrt war Malen, ein Dorf im Kreis Öls in der Nähe von Breslau. Malen als Dorf sah besser aus als Tarden. Untergebracht wurden wir beim Bäckermeister des Dorfes. Obwohl wir diesmal für die Quartiergeber fremde Leute waren, wurden wir ausgesprochen herzlich empfangen. Auch die Räumlichkeiten im Bäckerhaus waren sehr gut, und man konnte sich echt wohl fühlen. Trotzdem erklärte mir meine Mutter nach wenigen Tagen, dass wir zurück nach Kleinmachnow fahren würden. Sie sagte sinngemäß, „wenn Ostpreußen gefährdet ist, können wir uns in Schlesien auch nicht mehr sicher fühlen, ich will nicht im Winter in ein allgemeines Flüchtlingschaos kommen und deshalb fahren wir nach Hause."

Obwohl die großen Ferien bald zu Ende gingen, brauchte ich in Malen nicht zur Schule zu gehen. Wir meldeten uns beim örtlichen Lehrer und meine Mutter erklärte ihm, dass wir in Kürze nach Berlin zurückkehren würden. Er hatte volles Verständnis, dass es für wenige Tage nicht lohnen würde, in eine neue Schule zu gehen.

Meine Mutter hatte mit Reisevorbereitungen zu tun und die herrlichen Sommertage nutzten wir noch, die nahe Umgebung von Malen kennen zu lernen. Gut erinnern kann ich mich noch, dass wir jede Menge Waldbeeren gesammelt haben. Vom Bäckermeister gab es dann jeden Tag frischen Blechkuchen mit Früchten. Selbst am Sonntag wurden frische Brötchen gebacken.

Als wir einmal unten in der Backstube waren, sagte meine Mutter zum Bäckermeister: „Sie verwöhnen ihre Dorfbewohner ganz schön, sogar am Sonntag gibt es frische Brötchen." Die Antwort war nachdenklich und leicht melancholisch: „Aber das tue ich doch gerne, wer weiß, wie lange ich meine Kunden noch so verwöhnen kann." Ich glaube, immer mehr Menschen hatten jetzt Zweifel am „Endsieg", aber eine Niederlage Deutschlands wollten sich die meisten auch nicht wünschen.

2. Kapitel

Eines Tages war es dann soweit: Meine Mutter besorgte Fahrkarten, und zwei Tage später traten wir die Reise nach Berlin an. Einerseits freuten wir uns, nach Hause zu fahren, andererseits wussten wir auch, dass dann Fliegeralarm wieder an der Tagesordnung war. An einem schönen Sommertag fuhren wir dann über Breslau zurück nach Berlin. Breslau war damals völlig unzerstört und ich dachte hier nicht an den Krieg. Die Worte meiner Mutter: „Hoffentlich kommen wir bei unserer Ankunft in Berlin nicht in einen Alarm!" holten mich jedoch in die Realität zurück.

Beim Umsteigen in Breslau und in Berlin wurde uns unter dem Motto „Mutter und Kind" von Mitgliedern des NS-Frauenbundes geholfen.

Zum Motto „Mutter und Kind" noch einige Anmerkungen. Es ist sicherlich richtig, dass die Nationalsozialisten die Mutterrolle mit Attributen wie das Mutterkreuz usw. künstlich überhöht hatten. Als „gute Deutsche" sind wir jedoch nach der Umerziehung durch die Alliierten von einem Extrem ins andere gefallen.

Die veröffentliche Meinung hat dafür gesorgt, dass sich Frauen, die „nur" Mütter und Hausfrauen sind, wie Menschen zweiter Klasse vorkommen müssen. Die meisten Meinungsmacher behaupten, dass sich Frauen nur im Beruf verwirklichen können und sei es am Fließband. Jetzt, da die demographischen Probleme deutlich werden, ist das Gejammere groß. Die Geburten sollen durch staatliche Kleinkinderbetreuung und finanzielle Anreize wieder zunehmen. Das ist sicherlich ein brauchbarer Weg, reicht jedoch nicht aus. Die Mutterrolle muss meines Erachtens auch ge-

sellschaftlich wieder gleichberechtigt mit der Berufstätigkeit anerkannt werden.

Zurück zum Spätsommer 1944. Die Fahrt von Breslau nach Berlin verlief völlig reibungslos. Der Zug war – typisch Reichsbahn –
auch in Kriegszeiten pünktlich auf die Minute. In den Städten und
Orten, die er durchfuhr, waren keine Kriegsschäden zu sehen.
Bei unserer Ankunft in Berlin hatten wir Gott sei Dank keinen
Fliegeralarm. Aber der erste Eindruck war doch erschreckend. In
den Städten Ostdeutschlands hatten wir keine Zerstörungen gesehen. In Berlin konnte man die zahlreichen Ruinen einfach nicht
übersehen. Auffallend waren auch die vielen Losungen an Gebäuden und Ruinen wie „Pst, Feind hört mit" oder „Räder müssen
rollen für den Sieg" und auch der „Kohlenklau" schaute um die
Ecke. Die öffentlichen Verkehrsmittel fuhren, wenn nicht gerade
Fliegeralarm war, weitgehend fahrplanmäßig, und so kamen wir
wohlbehalten in Kleinmachnow an.

In der Nähe unseres Hauses waren zwei Sprengbomben nieder-
gegangen und die Auswirkungen konnte man deutlich erkennen.
Das Dach war nur notdürftig repariert, eine Reihe von Fenster-
scheiben fehlten. Das hieß viel Arbeit für die nächsten Wochen
und Monate. Immer, wenn unser Glasermeister Fensterglas erhalten hatte, musste ich mit dem Handwagen ein oder zwei Fenster-
rahmen zur Neuverglasung bringen.

Besonders ärgerlich war es dann, wenn bei einem Angriff die neu
verglasten Fenster wieder beschädigt wurden.

Der Dorflehrer in Ostpreußen muss gute Arbeit geleistet haben,
denn in Kleinmachnow hatte ich in der Schule keine besonderen
Probleme. Frau Fröhlich, meine Klassenlehrerin, musste zwar einige kleine Wissenslücken schließen, aber im Prinzip war alles in
Ordnung. Allerdings wurde der Schulbesuch jetzt von Monat zu
Monat schwieriger. Berlin war jetzt auch am Tage immer öfter Ziel
riesiger Bomberverbände. Es sah imposant aus, von der Sonne an-
gestrahlt wirkten die Bomber in der großen Höhe wie kleine Fische, die sich im Wasser bewegen, aber diese kleinen Fische hatten
eine schreckliche Ladung.

Immer wenn es am Tage Alarm oder Voralarm gab, wurden wir
von den Lehrern sofort nach Hause geschickt. Dann hieß es tüch-

tig traben, damit man noch rechtzeitig den heimatlichen Luftschutzkeller erreichte.

Noch gruseliger fand ich die Nachtangriffe. Die Flak machte einen Höllenlärm, man hörte das Brummen der Flugzeugmotoren
und hin und wieder auch Einschläge in der Nähe. Wenn wir dann
nach der Entwarnung aus dem Haus gingen, sahen wir den Him-
mel im Osten, dort wo Berlin liegt, blutrot. Meine Mutter sagte
dann öfter „Die armen Menschen!", und man war froh, ungescho-
ren davongekommen zu sein.

Kleinmachnow ist flächendeckend nie angegriffen worden. Die
Bomben, die hier fielen, waren wohl mehr Zufallstreffer. Aber
man konnte sich auf keinen Fall sicher fühlen, denn im Ort befanden sich die Versuchsanstalt der Reichspost und ein Rüstungsbe-
trieb der Firma Bosch. Beides mögliche Ziele für Angriffe.

Es grenzt an ein Wunder, dass trotz der vielen Luftangriffe auf
das Reichsgebiet die Versorgung der Bevölkerung zwar eingeschränkt, aber immer noch zufriedenstellend war. Extrem gehun-
gert, wie vom ersten Weltkrieg berichtet wird, wurde zum Ende
des zweiten Weltkrieges nicht.

Ich kann mich erinnern, dass wir im Herbst 1944 noch Koks für
die Zentralheizung bekommen haben. Die Menge war zwar gerin-
ger als normal, aber man kam mit Einschränkungen über den
Winter. Mit Ausnahme der bombardierten Stadtteile funktionierte
auch die Wasser-, Strom- und Gasversorgung. S- und U-Bahnen
sowie die Straßenbahnen wurden nach Luftangriffen relativ schnell
wieder funktionsfähig gemacht.

Für die BVG-Busse war jetzt kein Benzin bzw. Diesel mehr vorhanden. Die Busse hatten nun kleine Anhänger, in denen sich Gas
für den Antrieb befand. Allzu oft sind wir jedoch nicht mehr nach
Berlin gefahren, denn es bestand immer die Gefahr, unterwegs in
einen Luftangriff zu kommen.

Die militärische Lage wurde im vierten Quartal 1944 und Anfang
1945 immer kritischer. Sowohl im Westen als auch im Osten
rückten die alliierten Truppen immer weiter auf deutsches Gebiet
vor. Dabei gab es von der NS-Propaganda immer neue Durchhal-
teparolen und Versprechungen. Zunächst hieß es, im Westen würde der Westwall schützen und auf dem Reichsgebiet komme der

Vormarsch der alliierten Truppen sowohl im Westen als auch im Osten selbstverständlich zum Stoppen. Dann bildeten Rhein im Westen und Weichsel im Osten natürliche Grenzen, die nicht überwunden werden sollten. Als auch diese Linien überschritten bzw. durchbrochen wurden kamen die Wunder- und Vergeltungswaffen ins Spiel. So sind die Hoffnungen der Menschen auf ein glimpfliches Ende des Krieges immer wieder aufrecht gehalten worden. Zu dieser Zeit erreichte uns auch der letzte Brief meines Vaters aus Italien. Darin spiegelt sich die allgemeine Besorgnis und die melancholische Stimmung wider:

Norditalien, am 25. November 1944

Mein lieber Frank!

Seit dem 1. November bin ich ohne jede Nachricht von Euch Dreien aus dem Heidefeld. Ich hoffe zwar, dass die Post wieder mal unregelmäßig ist, mache mir aber doch Sorgen um Euer Befinden. Aus diesem Grunde sende ich Dir heute lauter Glücksbringer. Glückspilze, einen Glücksfisch und den Glück bringenden Schornsteinfeger. Das Herz soll besagen, dass ich Euch von Herzen alles Gute, Gesundheit und allerherzlichste Grüße sende.

Mir geht es unverändert gut. Hier ist nun auch der Winter eingezogen. Da bei uns im Schloss nur Kamine vorhanden sind, haben wir uns eiserne Öfen besorgt und haben nun schon warme Arbeitsräume und Quartiere. Meistens haben wir ja viel Dienst, sodass wir immer erst spät auf unsere Zimmer kommen, doch dann ist es dort langweilig. Zeitungen gibt es wenig und Post kommt auch nicht, also hole ich mir meine Pinsel und schicke Euch bunte Grüße. Dabei kann man so schön an Zuhause denken und sich an schöne Friedenszeiten zurückerinnern. Wie wir öfter zusammen Häuser gezeichnet und bunt ausgetuscht haben und wie uns beiden schon damals dabei die Zeit sehr schnell verging. Dann kam die liebe Mutschka und brachte Kaffee und Kuchen und dann ging das Futtern los. Ja lang, lang ist's her und wir wollen gemeinsam hoffen, dass es nicht mehr allzu lange dauern möge, dass wir wieder alle zusammen sein können. Wenn ich dann wieder spielen will, muss ich ja nun mit zwei Jungens mitmachen, aber das werde ich schon richtig einteilen, keiner von Euch kommt zu kurz. Entzweimachen darf der Micha dann von Deinen Spielsachen nichts mehr. Wir geben im Guten ihm was ab, damit muss er

*dann auskommen. Es wird ja auch wieder mal die Zeit kommen, wo die Va-
tis ihren Jungens auch wieder neue Sachen kaufen werden können, denn Du
bist ja nun größer geworden und wirst sicher auch Wünsche haben. Wenn es
bloß erst soweit wäre!!!!!*

*Solange aber noch Krieg ist, haben wir andere Sorgen und müssen uns mit
dem begnügen, was wir noch haben. Vor ein paar Tagen sandte ich Euch eine
Kiste. Wir dürfen unsere Zivilsachen heimsenden und ich habe beigefügt, was
ich konnte. Spielsachen sind leider nicht dabei. In Italien sind keine aufzutrei-
ben. Süßes ist aber für Euch beigelegt und die anderen Sachen sind auch nicht
ohne. Hauptsache ist nun, dass die Sendung gut bei Euch eintrifft und nicht
wieder bestohlen wird wie beim letzten Mal. Sofort nach dem Eintreffen
schreibst Du mir und teilst mir mit, wie der Inhalt meiner Weihnachtssendung
Euch gefallen hat.*

*Vielleicht bin ich zum Fest sogar bei Euch, aber bis jetzt ist noch nichts
heraus. Immerhin sind ja noch vier Wochen bis zum Heiligabend und da
kann sich noch vieles ändern, hoffentlich zum Guten. Inzwischen hoffe ich
weiter fest, dass Du, der kleine Micha und unsere liebste Mutschka gesund
bleibst und dass die bösen Flieger Euch nicht behelligen, dass das Häuschen
unversehrt bleibt und dass wir uns doch noch bald, sehr bald, Wiedersehen
werden können.*

Nun noch tausend Grüße und ebenso viele Küsschen vom Vati.

Ende September 1944 bin ich 10 Jahre alt geworden. Das war das
Alter, in dem Jungen automatisch zu den „Pimpfen" kamen. Eini-
ge „Geländespiele" mussten wir mitmachen, und im Winter 1945
waren wir eingesetzt, Flüchtlinge aus dem Osten den Weg in ihre
Kleinmachnower Quartiere zu zeigen und gegebenenfalls beim
Transport von Gepäck zu helfen.

Zum ersten Mal überfiel mich so etwas wie das kalte Grauen.
Winter, kalt, nass, dunkel und Verdunkelung, traurige Flüchtlinge
und Fliegeralarm, alles kam zusammen.

Zum obligatorischen Fahneneid der „Pimpfe" ist es jedoch nicht
mehr gekommen. Immer, wenn ein festgelegter Termin fällig war,
wurde Fliegeralarm gegeben oder zumindest Voralarm. Bei
Voralarm wollte ich noch hingehen, aber meine Mutter hat das
strikt untersagt. Andere Mütter müssen genau so reagiert haben,

denn die Veranstaltung wurde immer wieder verschoben und fand schließlich überhaupt nicht mehr statt.

Der letzte Termin war für April 45 vorgesehen und gerade an diesem Tag explodierten bei uns die ersten russischen Granaten. Eine Granate schlug hinten in unserem Garten ein und zerriss zwei Kirschbäume, eine weitere traf die Straße vor unserem Haus.

Gott sei Dank hatten die Geschützgranaten längst nicht eine so starke Wirkung wie die riesigen Fliegerbomben und so hielten sich die Schäden am Haus in Grenzen. Luftangriffe der Amerikaner und Engländer gab es jetzt nicht mehr. Die Westalliierten befürchteten sicherlich, versehentlich die eigenen Verbündeten zu treffen. Der Geschützbeschuss konnte sich natürlich jederzeit wiederholen. So spielte sich das Leben, trotz des herrlichen Frühlingswetters, ab sofort überwiegend im Haus und hauptsächlich im Keller ab. Einige unserer Nachbarn hatten sich zu dieser Zeit bereits in Richtung Westen abgesetzt. Meine Mutter dachte jedoch nicht an Flucht und hielt die Berichte von Massakern der sowjetischen Armee an der deutschen Zivilbevölkerung für übertrieben und NS-Propaganda. Nun aber zogen durch unsere Straße Flüchtlinge, die schon einmal von der roten Armee überrollt worden waren und baten uns und die Nachbarn um Wasser. Diese Menschen müssen meiner Mutter so schlimme Dinge berichtet haben, dass sie auch in Panik fiel und sagte: „Wir werden versuchen, uns nach Westen durchzuschlagen, vielleicht erreichen wir noch einen Zug oder einen LKW-Treck."

So wurden eiligst die wichtigsten Sachen auf einen kleinen Handwagen gepackt und zu Fuß ging es in Richtung Wannsee. In Wannsee haben wir übernachtet und am nächsten Tag marschierten wir weiter in Richtung Potsdam. Gerüchteweise hieß es, dass man Berlin noch über Potsdam verlassen könnte. Aber die Gerüchte entsprachen nicht den Tatsachen. An der Glienicker Brücke endete unser Marsch nach Westen. Soldaten, die zur Bewachung der Brücke eingesetzt waren, erklärten uns, dass Potsdam hart umkämpft sei und sie uns nicht weiterlassen dürften.

Zunächst suchten und fanden wir Unterschlupf im Schloss Glienicke, das als Lazarett hergerichtet war. Meine Mutter erkundigte sich bei zwei Wehrmachtsoffizieren über die Situation. Genau wussten die auch nicht Bescheid. Sie erklärten, dass weite Teile Berlins bereits in sowjetischer Hand seien. Wannsee hielt sich nur, weil es eine Insel ist, rings umgeben von Wasser.

Die Offiziere sagten weiter: „Wir wollen ja auch hier raus. Vielleicht gelingt es den deutschen Truppen, in Potsdam noch eine Schneise in Richtung Westen freizukämpfen." Die Gerüchte im Schloss Glienicke schwirrten hin und her. Einige Leute behaupteten, Hitler sei tot und die Reichskanzlei wird bereits umkämpft, andere hatten gehört, dass Berlin vom Westen aus wieder befreit werden würde. Die Armee Wenck sollte bereits kurz vor Potsdam stehen. Schließlich kam am Nachmittag das Gerücht auf, die Westalliierten hätten sich mit der deutschen Wehrmacht verbündet, um gemeinsam die Russen wieder zurückzudrängen.

Seit diesen Tagen weiß ich, dass das Sprichwort „Die Hoffnung stirbt zuletzt" sicherlich zutrifft. Der Mensch ist wahrscheinlich von Natur aus so konstruiert, dass er bis zuletzt hofft. Wir blieben also im Schloss Glienicke und wollten die weitere Entwicklung abwarten. Am späten Nachmittag kletterten mein Freund aus dem Nachbarhaus und ich auf das Dach vom Schloss Glienicke. Der Ausblick von dort war „schaurig schön". Potsdam lag an diesem schönen Frühlingstag in der Abendsonne, und überall waren lodernde Feuer zu sehen.

Als einige Soldaten uns auf dem Dach sahen, bekamen wir einen mächtigen Anpfiff und mussten sofort von dort verschwinden. Am Abend mussten wir dann in den Schlosskeller. Diese Nacht werde ich nie vergessen. Obwohl draußen schon angenehme Frühlingstemperaturen herrschten, war es im Keller noch ziemlich kalt. Dazu dunkel – es brannten nur wenige Kerzen – und das Gestöhne der Verwundeten und der Sterbenden. Von draußen hörte man Gefechtslärm.

Am nächsten Morgen erklärte mir auch meine Mutter, dass wir hier auf keinen Fall eine weitere Nacht bleiben würden. Wir erkundigten uns bei einem Offizier nach der Lage und erfuhren, dass Potsdam in sowjetischer Hand sei und keine Aussicht bestünde, durch die Stadt nach Westen zu gelangen. Er riet uns, zurück nach Wannsee zugehen, was wir dann auch taten. Der Marsch über die Potsdamer Chaussee zurück nach Wannsee war relativ ungefährlich, weil die hohen Böschungen an beiden Seiten uns weitgehend vor Beschuss schützten. Nur an zwei einsichtigen Stellen standen Soldaten, die uns aufforderten, die nächsten 20-30 Meter zu rennen. In Wannsee erfuhren wir definitiv, dass wir nicht zurück nach Kleinmachnow konnten. Wannsee war eingeschlossen und Kleinmachnow schon längst von sowjetischen Truppen besetzt.

Was tun? Meine Mutter deponierte meinen Bruder und mich in der leeren Kirche an der Potsdamer Chaussee und ging allein auf Quartiersuche. Wir beide waren ganz allein in der großen Kirche und hatten wahnsinnige Angst, dass meiner Mutter etwas zustoßen könnte. Aber nach einer Zeit, die uns wie eine Ewigkeit vorkam, erschien sie und verkündete freudestrahlend, dass sie ein gutes Quartier gefunden hätte. Wir waren in einem Haus in der Wernerstraße, deren Bewohner bereits geflohen waren untergekommen. Beim Bäcker gab es sogar noch Brot, von Soldaten hatten wir etwas Verpflegung erhalten und so war der Tag „gerettet".

Von Gefechten und starkem Geschützbeschuss war Wannsee verschont geblieben. Wahrscheinlich hatte der eingeschlossene und vom Wasser umgebene Ort für die Russen keine strategische Bedeutung. In der Nacht und am frühen Morgen hörten wir starken Gefechtslärm. Man hörte schwere Motoren, Geschütze, MG- und Gewehrfeuer. Nach einiger Zeit trat dann wieder Ruhe ein. Zunächst dachten wir an einen russischen Angriff, der abgewehrt wurde, später stellte sich jedoch heraus, dass es ein verzweifelter Ausbruchversuch der letzten deutschen Truppen war. Tony Le Tissier beschreibt in seinem Buch „Der Kampf um Berlin 1945" die Situation wie folgt:

„In der Nacht vom 1. auf den 2. Mai versuchten die Reste der 20. Panzergrenadierdivision und andere Elemente der Armeeabteilung Spree, denen sich die Gruppe von Oberstleutnant Weiss angeschlossen hatte, aus ihrem Widerstandsnest Wannsee auszubrechen. Ihr Plan war, die sowjetischen Linien beim Bahnhof Wannsee zu durchbrechen und dann durch die dichten Wälder nach Süden zur 12. Armee zu stoßen. Als sie über die Brücke zwischen den Seen in Richtung Eisenbahnbrücke, die über die Potsdamer Chaussee führt und die durch eine Panzersperre gesichert war, stürmten, wurden sie von den Russen

bereits erwartet und mit einem Feuerhagel empfangen, dem Hunderte zum Opfer fielen."[1]

Als es ruhig geworden war, wagten wir uns aus dem Haus. Bald erblickten wir die ersten russischen Soldaten. Sie sahen so aus, wie ich sie aus Ostpreußen in Erinnerung hatte. Deshalb hatte ich auch keine besonders große Angst, aber für mich war in diesem Augenblick der Krieg definitiv verloren. Für die meisten Erwachsenen wahrscheinlich schon viel früher. Wir gingen weiter in Richtung Wannsee-Brücke. Wenn wir nach Kleinmachnow zurück wollten, mussten wir die Brücke überqueren, über die zuvor der Ausbruchversuch unternommen wurde.

Schon bald erblickten wir auf der Straße zur Brücke zahlreiche zerstörte oder liegen gebliebene deutsche Militärfahrzeuge. Kurz vor der Brücke war Stopp. Russische Soldaten erklärten uns, dass die Brücke für Zivilpersonen noch nicht freigegeben wurde. Wir und andere Zivilisten mussten in einem Vorgarten eines Hauses warten. Dort lag ein schwer verwundeter deutscher Soldat, der um Hilfe bat. Zwei junge Frauen suchten einen russischen Sanitäter, der auch tatsächlich kam. Er schaute den Soldaten an und sagte nur „Mann kaputt, geht nix."

So blieb dem Soldaten nur übrig, nur mühsam noch einige Zeilen für seine Angehörigen zu schreiben, die er einer der Frauen gab. Nach einiger Zeit durften wir weiter. Allerdings hätten wir besser noch in Wannsee warten sollen. Die Brücke war zwar jetzt für Fußgänger notdürftig hergerichtet worden, an vielen Stellen konnte man jedoch unten das Wasser sehen. Am schrecklichsten war jedoch der Anblick, der sich uns bot. Rechts und links lagen unzählige tote deutsche Soldaten. Mein kleiner Bruder schrie wie am Spieße. Zwei russische Soldaten packten den Handwagen, auf dem mein Bruder saß und halfen uns über die Brücke. Zunächst dachten wir, sie wollten uns plündern, aber nein, in diesem Fall waren die verwegenen Gestalten nur kinderlieb.

Hinter der Wannsee-Brücke brauchten wir nur noch die S-Bahn-Brücke zu unterqueren und dann ging es rechts in den Stahnsdorfer

---

[1] Tony Le Tissier: Der Kampf um Berlin 1945. Von den Seelower Höhen zur Reichskanzlei. Franfurt (M.) und Berlin 1994, S. 291f.

Damm nach Kleinmachnow. Alle übrigen Zivilisten gingen weiter in Richtung Berlin, nur wir Drei bogen rechts ab. Nach 40 oder 50 Metern kam uns laut gestikulierend ein russischer Soldat oder Offizier entgegen und schrie: „Hier nix lang, zurück dawei, dawei." Wir konnten ihn zuerst gar nicht richtig verstehen und wussten nicht was er wollte. Meine Mutter war so erschrocken, dass sie ihm einen Ring geben wollte, den sie gerade trug. Vor der Brücke hatten wir gesehen, dass einige russische Soldaten deutsche Zivilisten um Schmuck und Uhren erleichterten. Dieser Soldat hier sagte jedoch: „Deinen Ring will ich nicht, hinten Gefahr, Krieg". Jetzt wussten wir, dass er uns nur warnen wollte. Er war der lebende Beweis, dass man nicht alle Menschen eines Volkes über einen „Kamm" scheren kann. Wir bedankten uns artig, kehrten um und marschierten die Potsdamer Chaussee in Richtung Zehlendorf. Von rechts war immer wieder Gewehrfeuer zu hören und uns wurde klar, dass es viel zu gefährlich gewesen wäre, allein kilometerweit durch den Wald zu laufen.

Auf der Potsdamer Chaussee gesellten sich noch zwei junge Männer zu uns. Sie sagten, wenn sie mit uns gingen, wäre das weniger auffällig. Wie sich herausstellte, waren die beiden junge Soldaten, die sich schon früher Zivilkleidung besorgt hatten. Sie erzählten uns, dass sie zuerst große Angst gehabt hätten, von Feldjägern oder SS-Leuten entdeckt zu werden. Jetzt war ihre größte Sorge, nicht ganz zum Schluss noch in sowjetische Gefangenschaft zu kommen. An der Benschallee trennten sich unsere Wege. Wir bogen rechts nach Kleinmachnow ab und die Beiden gingen weiter in Richtung Zehlendorf.

Zu Hause wurden wir von Nachbarn, die in Kleinmachnow geblieben waren, empfangen. Sie berichteten von Vergewaltigungen und Plünderungen in den ersten Tagen der Besatzung. Jetzt sei das Gröbste jedoch überstanden. Auch in unser Haus, das leer stand, wurde von Fremdarbeitern oder Fremdarbeiterinnen eingebrochen. Der Schaden hielt sich jedoch in Grenzen. Den Schmuck hatte meine Mutter natürlich mitgenommen. So war nur der Verlust von Bestecken und Wäsche zu beklagen. Am meisten bedauerte meine Mutter, dass die schon nicht reichlichen Vorräte an Lebensmitteln nicht mehr vorhanden waren. Verwüstet oder zerstört war Gott sei Dank nichts. In den ersten Maitagen 1945 war der Krieg offiziell zwar noch nicht beendet, die Kapitulation erfolgte erst am 8. Mai. Für die Berliner war der Krieg jedoch Anfang Mai vorbei.

Immer wieder wird die Frage gestellt, was die Deutschen bei Kriegsende empfunden haben. Eine eindeutige Antwort auf diese Frage gibt es meines Erachtens nicht. Da waren die überzeugten Nationalsozialisten, die die Niederlage als persönliche Katastrophe empfunden haben. So gab es in Berlin nach der Kapitulation besonders viele Selbstmorde. Andererseits gab es die von den Nationalsozialisten Verfolgten, die vorher in Zuchthäusern und KZ eingesperrt waren oder die Fremdarbeiter. Sie werden die neue Situation als Befreiung angesehen haben.

Die große Masse der Bevölkerung empfand hauptsächlich Angst vor der Gegenwart und Angst vor der Zukunft, aber auch eine große Erleichterung, dass der grausame Krieg nun endlich zu Ende gekommen war. Ein ausgeprägtes Gefühl der Befreiung von einer Diktatur entwickelte sich erst im Laufe der Zeit und sicherlich im Westen schneller als im Osten.

Im Westen gab es ja auch bald eine funktionierende Demokratie, während im Osten eine Diktatur durch eine andere ersetzt wurde. Dafür gab es im Osten unzählige offizielle Feiern zum Tag der Befreiung mit Dankadressen an die Sowjetunion.

Die letzten Kriegswochen habe ich so ausführlich beschrieben, weil der Krieg meine Generation noch maßgeblich geprägt hat. Welche Lehren kann man ziehen? Krieg ist etwas Furchtbares und deshalb sollten alle Regierenden vor einer Kriegserklärung eindringlich und intensiv überlegen, ob es keine anderen Lösungsmöglichkeiten gibt. Auch ist immer zu bedenken, was nach dem Krieg wird.

Andererseits halte ich jedoch blinden Pazifismus für nicht geeignet, Konflikte zu lösen und Kriege zu verhindern. Die „alten Römer" kannten das Sprichwort „Wenn du den Frieden willst, bereite den Krieg vor". Diese Strategie der Rüstung hat uns davor bewahrt, dass aus dem kalten Krieg ein heißer Krieg wurde. Das Gleichgewicht der Kräfte hat in Europa in der zweiten Hälfte des vorigen Jahrhunderts einen Krieg verhindert.

3. Kapitel

Zurück zum Frühjahr 1945. Als wir nach Kleinmachnow zurückkamen, gab es Gott sei Dank weiter Leitungswasser. Sehr schlimm sah es in den Gebieten aus, in denen die Wasserversorgung ausgefallen war. Dort mussten die Menschen weite Wege mit Eimern und Gefäßen zu den wenigen Pumpen zurücklegen. Die Gas- und Elektrizitätsversorgung war auch bei uns zusammengebrochen. Gegen diverse Schmuckstücke besorgte meine Mutter einen Kohleherd. Der Stromausfall dauerte lange Zeit. Auch als die Stromversorgung zum Herbst wieder in Gang gesetzt worden war, gab es jeden Tag Stromsperren und Begrenzungen für den Verbrauch. Im Frühjahr 1945 begann auch die große Hungerzeit. Die Rationen, die man mit Lebensmittelkarte kaufen konnte, reichten nicht zum Überleben. Man musste alles unternehmen, um zusätzliche Lebensmittel zu beschaffen.

Direkt nach Kriegsende hieß es, in den großen Getreidespeichern in Teltow würde Getreide lagern. Also machten mein Freund aus dem Nachbarhaus und ich uns auf den Weg nach Teltow. Die Speicher wurden natürlich von den Russen bewacht. Mit einigen Erwachsenen haben wir zunächst beobachtet, wo die Russen standen. In einem günstigen Moment sind wir in einen der Speicher geschlichen. Wir konnten gerade unsere beiden Milchkannen füllen, da tauchten auch im Inneren der Speicher russische Wachen auf. Sie schimpften laut, haben uns aber nichts getan.

Nun hieß es, die Beine in die Hand zu nehmen und möglichst schnell wegzurennen. Zu unserm großen Leidwesen haben wir Einiges vom kostbaren Korn beim Wegrennen auch noch verschüttet. Zuhause angekommen wurde das Korn mühsam in der Kaffeemühle gemahlen. Danach konnte Mehlsuppe gekocht und Brot gebacken werden. Im Garten wurden so gut es ging Gemüse und Kartoffeln angebaut. Allerdings fehlte es auch hier an Sämereien und Saatgut. So wurden zum Beispiel Kartoffelschalen, die ein „Auge" hatten, in den Boden gelegt in der Hoffnung, dass sich daraus eine Kartoffelpflanze entwickeln würde. Im Wald und an Feldrändern wurden Melde- und Brennnesselblätter geschnitten und anschließend als „Spinat" verarbeitet. Regelmäßig unternahmen wir Fußmärsche in die an Kleinmachnow angrenzenden Dörfer, um Essbares einzutauschen. Diejenigen, die mitten in der Stadt wohnten waren arm dran. Für sie war es noch viel komplizierter, ländliche Gebiete zu erreichen. Im Spätsommer 1945, als die Getreide- und Kartoffelfelder abgeerntet waren, durfte die Bevölkerung „nachstoppeln". Das bedeutet, man durfte auf den Stoppelfeldern und auf den abgeernteten Kartoffelflächen nach liegen gebliebenen Ähren und Kartoffeln suchen. Heutzutage wäre das beim Einsatz von Erntemaschinen ein ziemlich hoffnungsloses Unterfangen, aber damals wurde weitgehend per Hand geerntet und so blieb einiges auf den Feldern liegen. Trotzdem war das Suchen sehr, sehr mühsam.

Schon recht bald nach Kriegsende, wahrscheinlich im Juni 1945, erklärte mir meine Mutter, dass wir erkunden müssten, wie es ihrem Großvater, meinem Urgroßvater, in Ostberlin ginge. Post und Telefon waren zu dieser Zeit noch unterbrochen und so wusste man nicht, wie Verwandte und Freunde die letzten Kriegswochen und die erste Nachkriegszeit überstanden hatten.

Mein Bruder wurde bei einer guten Nachbarin abgegeben und wir beide machten uns auf den Weg nach Ostberlin. Zuerst in Kleinmachnow mussten wir laufen, in den westlichen Bezirken von Berlin verkehrte zwischen einigen Stationen bereits wieder die S-Bahn, dann konnten wir kurze Strecken mit der Straßenbahn zurücklegen. Doch je näher wir an die eigentliche Innenstadt kamen, ging gar nichts mehr. Das Zentrum von Berlin war unvorstellbar zerstört. Am Potsdamer Platz blickten wir in die S-Bahn Ausgänge und ein Schauer lief uns über den Rücken. Das gesamte unterirdische S-Bahn Netz war überflutet und man konnte das Wasser in den Ausgängen sehen. Wir hatten schon gehört, dass viele Menschen, die in den letzten Kriegstagen dort unten Schutz gesucht hatten, jämmerlich ertrunken sind.

Am Ziel in Ostberlin angekommen, erwartete uns eine freudige Überraschung. Meinem Urgroßvater ging es gut. Der alte Herr war unversehrt über die kritischen Wochen gekommen. Da er schon immer mit einer deutschen Niederlage rechnete, hatte er sich sukzessiv eine kleine Notreserve an Lebensmitteln zugelegt und konnte uns, wenn auch im bescheidenen Rahmen, sogar bewirten. Im Gespräch mit uns fluchte er noch mehr als üblich über Hitler, der uns das ganze Desaster eingebrockt hätte. Meine Mutter hatte wegen dieser Äußerungen schon immer Angst um ihn gehabt, aber in seiner Umgebung ist keiner gewesen, der ihn in der NS-Zeit angezeigt hat. Wahrscheinlich hat sein hohes Alter dabei auch eine gewisse Rolle gespielt. Am nächsten Tag traten wir den Rückweg an und sind wohlbehalten zu Hause angekommen.

Man konnte sich jetzt auch wieder verhältnismäßig ungefährdet in Berlin bewegen. Nach anfänglicher Disziplinlosigkeit und Übergriffen auf die deutsche Zivilbevölkerung achtete die sowjetische Militärführung schon recht bald auf strenge Disziplin ihrer Soldaten und hat auch drastische Strafen verhängt. Spannungen und weitere Abneigungen gegenüber der Besatzungsmacht ergaben sich durch die zahlreichen Demontagen. So wurde in Kleinmachnow das Bosch-Werk total demontiert und anschließend die Hallen gesprengt. Auch die Schienen der Stammbahn, einer Verbindung von Berlin nach Potsdam, wurden nach Rußland verfrachtet.

Bei Demontagen von Industriebetrieben wurden oftmals auch gleich die deutschen Fachleute zum Wiederaufbau in die Sowjetunion zwangsverpflichtet. Viele Deutsche machten sich natürlich große Sorgen. Das, was im Krieg nicht zerstört worden war, wurde nun auch noch demontiert. Andererseits ist der sowjetischen Militäradministration hoch anzurechnen, dass man unmittelbar nach Kriegsende begonnen hat, eine. gewisse Grundversorgung der Bevölkerung wieder herzustellen, die Infrastruktur notdürftig wieder in Gang zu setzen und eine neue Verwaltung und Polizei aufzubauen. Jahrzehnte später sehen wir, wie schwer sich die US-Amerikaner in dieser Hinsicht im Irak tun.

Allerdings hinkt der Vergleich, denn in Berlin und im gesamten Deutschland gab es nach der Kapitulation keinen Widerstand gegen die Besatzungsmächte. Die Deutschen hatten nur ein Ziel: die furchtbare Lage zu überwinden und die Situation zu verbessern. Dabei war ihnen jede Hilfe recht. Auch der Schulbetrieb begann verhältnismäßig schnell wieder. Mein letztes Zeugnis aus der Kriegszeit stammt vom 22. März 1945. Danach sind wir jedoch im Krieg noch einige Zeit zur Schule gegangen. Mein erstes Zeugnis aus der Nachkriegszeit datiert vom 15. Juli 1945. Als die Schule nach Kriegsende wieder begann, war unsere Klassenlehrerin weiter Frau Fröhlich. Sie hatte sich nie im Sinne der NS-Propaganda betätigt und hatte somit auch keine Probleme mit der neuen Zeit. Sie erklärte uns, dass wir viel Lehrstoff nachzuholen hätten und dass wir in den schlechten Zeiten besonders fleißig sein müssten.

Ein herausragendes Ereignis im Sommer 1945 war natürlich der Einmarsch der Westalliierten in Berlin. Die Stadt war aufgeteilt worden in die drei Westsektoren für die Amerikaner, Engländer und Franzosen sowie den Ostsektor für die Russen. Wir Jungs wanderten zur nur einen Kilometer weit entfernten Autobahn und sahen uns das Schauspiel des Einmarsches an. Den US-Boys eilte ein „guter Ruf" voraus und so wurden insbesondere die Amerikaner, die in die Kleinmachnow angrenzenden Bezirke einzogen, von den Menschen freundlich empfangen. Die Leute klatschten und winkten als die Amerikaner vorbeifuhren und diese winkten auch freundlich zurück. Ich kann mir vorstellen, dass diese Bilder in den Hinterköpfen vieler US-Politiker herumgespukt sind, als man in den Irak einmarschiert ist. Man stürzt einen Diktator und wird von der Bevölkerung freundlich empfangen. Aber die Gegebenheiten und die Kulturkreise sind doch sehr unterschiedlich.

In diesen schweren Zeiten des Sommers 1945 gab es aber auch Erfreuliches. So meldeten sich bei uns Verwandte und Freunde und konnten berichten, dass sie das Kriegsende und die Zeit danach überlebt haben. Nach dem Einmarsch der Westalliierten kamen auch Kontakte bzw. Verbindungen nach Westdeutschland zustande. Mein Onkel aus Hamburg berichtete, dass mein Vater in britischer Gefangenschaft sei und dass es ihm den Umständen entsprechend gut gehe. Er konnte ihn sogar im Gefangenenlager nahe Münster besuchen und die Verpflegung etwas aufbessern.

Durch die Westalliierten vergrößerte sich auch das Warenangebot auf dem Schwarzmarkt. Es begann die Zeit der „Zigarettenwährung". Eine US-Zigarette kostete 8 Reichsmark. Angst und Bange wurde uns vor dem bevorstehenden Winter. Die knappen Vorräte an Heizmaterial hatten wir im letzten Winter verbraucht und neue Zuteilungen von Koks oder Kohle waren nicht in Sicht. Es war überhaupt nicht daran zu denken, die Zentralheizung im kommenden Winter in Betrieb nehmen zu können.

Meiner Mutter gelang es Gott sei Dank, einen kleinen Kachelofen zu besorgen und so konnten wir, neben der Küche, wenigstens noch einen Raum im Hause beheizen. Aber womit? Wir in Kleinmachnow hatten es noch einigermaßen gut. Direkt hinter unserem Grundstück war ein kleiner Wald als „Dauerwald" ausgewiesen. Dieser „Dauerwald" sollte den folgenden Winter 45/46 nicht überstehen. Mit elf Jahren lernte ich sehr schnell, Bäume zu fällen, diese dann anschließend zu zersägen und schließlich Holz zu hacken. Dabei kam mir zugute, dass ich in Ostpreußen oft zugesehen hatte wie so etwas gemacht wird.

Der Winter 1945/46 setzte in Berlin früh und heftig ein. Ich kann mich noch genau an den ersten kalten Wintertag erinnern. An diesem Tag holten wir, meine Mutter und ich, in Berlin bei der Spedition Schenker ein Paket ab, das uns mein Onkel aus Hamburg geschickt hatte. Die Freude über die Aufbesserung der Verpflegung war natürlich groß. Doch zu Hause erwartete uns das wahre Chaos. Alle Zentralheizungskörper in der oberen Etage waren eingefroren und vom Frost gebrochen. Die schwarze „Brühe" aus den Heizkörpern war ausgelaufen und hatte sich gleichmäßig auf dem Fußboden verteilt. Wir hatten nicht daran gedacht, das Wasser aus der Zentralheizung abzulassen.

Im weiteren Verlauf des Winters musste sogar das Leitungswasser abgestellt werden. Wir konnten Wasser nur noch im Keller entnehmen. Und als der Frost noch stärker wurde, war auch das nicht mehr möglich. Der Hauptanschluss war zugefroren. Wir mussten dann das Wasser vom Nachbarn holen, die etwas mehr Glück hatten. In Berlin sind in diesem Winter viele Menschen, die oft schon zuvor wegen mangelnder Ernährung geschwächt waren, erfroren.

Welche Lehren kann man aus den Erlebnissen und Erfahrungen in der schrecklichen Nachkriegszeit ziehen? Zum Überleben muss der Mensch genug zum Essen und zum Trinken haben, eine Wohnung, die beheizt werden kann, ist notwendig und die medizinische Grundversorgung sollte gegeben sein. Genug Wasser zum Trinken haben wir in Deutschland. Jede deutsche Regierung sollte eine Grundversorgung der Bevölkerung mit Lebensmitteln sicherstellen. Hierzu ist es erforderlich, die deutsche Landwirtschaft wenigstens teilweise zu erhalten.

Noch problematischer ist die Energiesituation. Eine sichere Stromversorgung ist heute lebensnotwendig und noch viel wichtiger als in der Nachkriegszeit. Damals wurden die Öfen mit Steinkohle, Braunkohle, Torf oder Holz beheizt und funktionierten auch ohne Strom. Heutzutage springt ohne Strom kein Öl- oder Gasbrenner an. In der Nachkriegszeit hatten Reichsbahn und Bundesbahn hauptsächlich Dampflokomotiven im Einsatz. Diese waren von der Stromversorgung unabhängig und konnten schon wenige Tage nach Kriegsende den Verkehr wieder aufnehmen. Heute geht bei der Bahn ohne Strom „gar nichts mehr".

Da wir eines der wenigen Industrieländer sind, die sich einbilden, auf die saubere, preisgünstige und versorgungssichere (Wiederaufbereitung) Atomenergie verzichten zu können, bleibt zur Sicherstellung einer Mindeststromversorgung nur die deutsche Kohle. Die von der rot-grünen Bundesregierung ins Spiel gebrachte regenerative Energie ist hinsichtlich der Versorgungssicherheit nur eine Mogelpackung. Gerade im Winter scheint die Sonne oftmals wenig, und es gibt auch viele kalte Tage mit Windstille.

Prinzipiell sind staatliche Subventionen zu vermeiden oder auf ein Mindestmaß zu reduzieren. Dabei sehe ich zwei Ausnahmen. Subventionen für die Landwirtschaft und für Stein- und Braunkohle müssen wir uns leisten. Nicht um Arbeitsplätze in „alten" Wirtschaftszweigen zu erhalten, sondern um ein Mindestmaß an Versorgungssicherheit zu gewährleisten. Jetzt werden viele einwenden, dass ich als „gebranntes Kind" zu schwarz sehe und eine so kritische Situation schon nicht eintreten wird. Außerdem kann man auf die auf dem Weltmarkt billige Steinkohle zurückgreifen.

Wenn aber wirklich zum Beispiel terroristische Angriffe zu einer Krise in der Weltwirtschaft führen, werden nicht nur die Preise für Erdöl sondern auch die für Kohle erheblich steigen. Gegebenenfalls sind sogar Transportverbindungen unterbrochen. Wir geben so viel Geld aus für Dinge, die nicht lebensnotwendig sind, so sollten wir uns die wenigen Milliarden für die Versorgungssicherheit auch leisten. Es gibt viele Dinge, die wir heute für besonders wichtig halten, die jedoch nicht lebensnotwendig sind, sondern das Leben nur einfacher, bequemer oder mehr oder weniger interessanter machen. Im Ernstfall kommt man auch ohne Handys aus und man existiert sogar ohne Fernsehen.

Wenn heute die Intendanten von ARD und ZDF behaupten, dass sie keine Einsparungsmöglichkeiten zur Senkung der Fernsehgebühren sehen, ist das einfach lachhaft. Man könnte die Sendezeiten etwas reduzieren. Vielleicht würde man bei Einführung eines fernsehfreien Tages pro Woche sogar die Lebensqualität der Bevölkerung erhöhen. Wenn ich an die schlechten Zeiten 45 zurückdenke, muss ich ketzerischer Weise die Frage stellen: Wie wäre es mit Lesen? Gespräche im Freundes- und Verwandtenkreis? Gemeinsame Spiele mit den Kindern? Bevölkerungspolitisch wäre ein fernsehfreier Tag sicherlich ebenfalls von Vorteil.

4. Kapitel

Mit dem Zeugnis vom 15. Juli 1945 war für mich die 4. Klasse beendet und eigentlich wäre jetzt der Übergang zur Oberschule fällig gewesen. Da der Schulbetrieb in der Volksschule angeblich regelmäßiger war als auf der Oberschule in Kleinmachnow, ging ich jedoch zunächst weiter in die Eigenherdschule. Von direkter kommunistischer Beeinflussung war damals noch wenig zu spüren. Bemerkenswert war nur, dass die erste Fremdsprache jetzt Russisch war. Auch eine gewisse Umerziehung fand statt. So wurde eines Tages das Thema Demontagen diskutiert. Unsere Lehrerin, jetzt nicht mehr Frau Fröhlich, war wie wir der Ansicht, dass die Demontagen für Deutschland natürlich nicht gut wären. Aber sie warb auch für Verständnis für die sowjetische Seite, in dem sie uns erklärte, welch große Zerstörungen unsere Wehrmacht in Rußland angerichtet hat.

Im Frühjahr 1946 erklärte mir meine Mutter, dass wir von der NS-Diktatur in eine kommunistische Diktatur schlittern werden und dass es für mich besser sei, wenn ich in Westberlin zur Schule gehen würde. Gesagt - getan, im April 1946 wurde ich in der Dreilindenschule in Berlin-Wannsee angemeldet. Vor dem Schreiben dieser Zeilen habe ich mir noch einmal das „Gutachten für den Übergang, eines Kindes zu einer weiterführenden Schule" vom April 1946 angesehen. Dieses Gutachten ist einfach, kurz und übersichtlich. Heute müssen die armen Lehrer einen erheblich höheren administrativen Aufwand leisten. Ein kleines Beispiel, wie sich die Bürokratie wie Mehltau in den letzten 50 Jahren über Deutschland gelegt hat.

Im Frühjahr 1946 war es nicht verboten oder untersagt, in Westberlin zur Schule zu gehen. Der Schulweg nach Wannsee, mit dem Fahrrad quer durch den Wald und dann über die wenig befahrene Autobahn zur Potsdamer Chaussee, war auch nicht weiter als zur Weinbergschule in Kleinmachnow. Auch die Knappheit an Büchern und Lehrmitteln war damals in Ost und West fast gleich. In der Dreilindenschule hatten wir als erste Fremdsprache selbstverständlich Englisch, und ich musste mit Nachhilfestunden ein halbes Jahr aufholen. Die Westberliner Lebensmittelkarten waren etwas ergiebiger als die in der Zone, und ganz langsam merkte man auch, dass es in Westberlin schneller voranging als im Osten.

Auch der „Kalte Krieg" war in Ansätzen schon erkennbar. Ich kann mich noch diesbezüglich an einen typischen Vorfall erinnern. Im Sommer hörten wir gerüchteweise, dass in Wannsee ein Café am Waldrand wieder eröffnet hat. Dort sollte es gegen Bezahlung in Reichsmark Kuchen und Getränke zu kaufen geben. Neugierig machten wir uns auf den Weg und tatsächlich wurde zu horrenden Preisen auch etwas angeboten, was so ähnlich wie Kuchen und Kaffee schmeckte. Die Kundschaft bestand hauptsächlich aus US-Boys mit ihren Mädchen. Als wir schon bezahlen wollten, erschienen im Café drei oder vier sowjetische Offiziere und sahen sich den Laden an. Die Amerikaner lachten die Russen an und stichelten mit den Worten „He, hallo Kamerad Uhri, Uhri". Für die deutschen Gäste im Raum waren diese Worte etwas Ungeheuerliches. Keiner hätte es gewagt, zu der Besatzungsmacht so etwas zu sagen. Es passierte aber überhaupt nichts. Die Russen schauten nur grimmig oder böse und verließen das Café. Ich dachte an die ersten Nachkriegstage und erinnerte mich daran, dass nicht alle Russen nach „Uhri, Uhri" verlangt hatten. Unter Umständen traf es auch die Falschen.

An vielen Kleinigkeiten sah man den kalten Krieg heranziehen. Die allgemeinen Lebensverhältnisse besserten sich 1946 nur ganz, ganz langsam. Man konnte sich jedoch im zweiten Nachkriegsjahr auf die Krisensituation schon etwas besser einstellen. So war hinter unserem Grundstück der Wald im Winter weitgehend abgeholzt worden und das so entstandene Brachland konnten wir von der

Gemeinde pachten. Auf dieser Fläche wurden dann Kartoffeln, Gemüse und einige Tabakpflanzen angebaut.

Im Frühjahr 1946 wurde mein Vater aus englischer Kriegsgefangenschaft entlassen und kam sehr schlank, aber wohlbehalten, in Kleinmachnow an. Da er schon vor dem Krieg und sofort nach seiner Rückkehr bei einer deutsch-amerikanischen Firma tätig war, verbesserten sich auch dadurch unsere Lebensverhältnisse. Die Einkommen, noch in Reichsmark, waren zwar extrem niedrig, aber es gab hin und wieder ein Care-Paket oder Teile davon. Mein Vater besorgte auch einige Produkte, die man eintauschen konnte.

Die Löhne und Gehälter waren in der Nachkriegszeit so niedrig, dass man damit nur Dinge kaufen konnte, die es auf Lebensmittelkarte oder Bezugschein gab. Auf dem Schwarzmarkt waren die Preise so hoch, dass Normalbürger dort nichts kaufen konnten. Dort fand auch ein reger Tauschhandel statt. Einigermaßen gut über die Runden kamen in dieser Zeit nur Menschen, die irgendwelche Waren besaßen, die man eintauschen konnte. Nach dem Einmarsch der Westalliierten kam auch der Goldhandel in Gang. So konnte meine Mutter durch den Verkauf eines Goldarmbandes unser gesamtes Dach neu eindecken Lassen. Merke: In absoluten Krisenzeiten zählen nur Sachwerte.

Vor dem Winter 1946/47 hatten alle Menschen in Ost und West wieder große Angst. Auch in Westberlin war zu dieser Zeit die Situation nicht rosig. In unserer Klassenchronik wird über die Lage folgendes gesagt:

„Im Winter bestand an der Dreilindenschule ein großes Problem. Aufgrund fehlenden Heizmaterials war eine zentrale Schulbeheizung nicht möglich. Deswegen wurden die für den Unterricht benötigten Schulräume mit je einem Kanonenofen ausgerüstet. Die Ofenrohre wurden durch die Fenster geführt. Für die Beheizung hatten die Schüler der einzelnen Klassen selbst zu sorgen. So wurden kleine Baumstämme, einzelne Briketts, Kohlestücke und Äste angeschleppt und in den Kellerräumen deponiert, bis das Heizmaterial zum Einsatz kam.

Auch die Anfahrt der Schüler und Lehrer zur Dreilindenschule war oft sehr beschwerlich. Viele, die aus Potsdam, Kleinmachnow oder Stahnsdorf kamen, mussten manche Schwierigkeiten wegen fehlender Verkehrsmittel und später nach Gründung der DDR, wegen Kontrollen in Kauf nehmen.

Durch die beginnende Schulspeisung am 8. September 1947 wurde eine Erweiterung der großen Pause auf 30 Minuten erforderlich. Bei der Schulspeisung, die auf dem Schulhof ausgegeben wurde, durfte nicht gemogelt werden. Zum Schleppen der Kessel wählte man besonders große und kräftige Jungen aus. Die Lehrer hielten strenge Aufsicht. Jeder Schüler brachte sein eigenes Essgeschirr mit und musste für die Reinigung selbst sorgen.

Besonders „beliebt" war die Schulspeisung „Schokoladensuppe und Kekse". Die Kekse waren oft voller Maden, und wer sich nicht ekelte, erhielt so eine eiweißreiche Zusatznahrung. Zu der Suppe gab es regelmäßig Tee, Milch und einen Riegel Schokolade. Die Schulspeisung hat, obwohl man heute darüber vielleicht lachen mag, manchem Schüler und mancher Schülerin geholfen, die karge Zeit zu überstehen. Wie wertvoll die Hilfe war, ist vielen erst später klar geworden."

Ein markanter Zeitpunkt im Nachkriegsdeutschland ist der Termin der Währungsreform im Jahr 1948. Dabei ist der genaue Termin der Währungsumstellung gar nicht so bekannt wie der 20. Juli 1944, der 17. Juni 1953 oder der 13. August 1961. Auch ich musste das Lexikon zu Hilfe nehmen, um zu erfahren, dass in den drei Westzonen die Deutsche Mark am 20./21. Juni und in Westberlin am 25. Juni 1948 eingeführt wurde.

Bis zu bestimmten Grenzen wurden die alten Reichsmark im Verhältnis 1:10 in DM umgetauscht. Praktisch zeitgleich mit der Währungsreform im Westen erfolgte die Einführung der Ostmark in der sowjetischen Besatzungszone und in Ostberlin. Man kann sagen, dass mit der Währungsreform die schlimmste Elendszeit nach dem Kriege zu Ende ging. Sowohl im Westen als auch im Osten ging es von diesem Zeitpunkt an bergauf, allerdings, wie sich bald zeigen sollte, mit unterschiedlichen Geschwindigkeiten.

Eine Ausnahme von der allgemeinen Entwicklung machte zunächst Westberlin. Grund hierfür war die Berlin-Blockade. Am 24. Juni 1948 blockierte die Sowjetunion alle Verbindungen zwischen Westberlin und den Westzonen. Betroffen waren der Auto-, Bahn- und Schiffsverkehr, und zwar für Personen und Güter.

In den Westzonen soll sich das Warenangebot nach der Währungsreform ziemlich schnell deutlich verbessert haben. In der Ostzone gab es von diesem Zeitpunkt an etliche Erzeugnisse wie Kartoffeln ohne Lebensmittelkarte und unbegrenzt. Im Osten machten auch die ersten HO-Läden (staatliche Handels-Organisation) auf. Dort konnte man zu relativ hohen Preisen Dinge kaufen, die es auf Lebensmittelkarte oder Bezugschein in den normalen Läden nicht gab. Die Grundversorgung der Bevölkerung lag jedoch weiter bei den noch verbliebenen privaten Geschäften und bei den Konsumgenossenschaften.

Die Währungsreform hat in West und Ost einen positiven Stimmungsumschwung ausgelöst. Die anschließende Berlin-Blockade belastete die Deutschen jedoch erheblich. Nicht nur die Berliner, sondern auch die Menschen in Westdeutschland und in Ostdeutschland machten sich Gedanken, wie es jetzt weitergehen würde. Wie lange wird die Blockade andauern? Werden sich die Westalliierten, insbesondere die Amerikaner, diese Vertragsverletzung bieten lassen? Gibt es schon wieder Krieg oder ziehen sich die Westalliierten aus Berlin zurück? Diese Themen wurden natürlich auch an der Dreilindenschule heiß diskutiert.

Dass man eine Großstadt wie Berlin aus der Luft versorgen könnte, daran dachten wohl zunächst nur wenige. Und doch kam es so. Die Westalliierten errichteten die sogenannte Luftbrücke. Die Hauptlast hatten die Amerikaner zu tragen, aber auch britische und französische Flugzeuge wurden eingesetzt. Wichtigster Flugplatz in Berlin war Tempelhof, wo heute das Luftbrückendenkmal steht. Angeflogen wurde auch der Flugplatz Gatow und von Kleinmachnow aus konnten wir beobachten, wie britische Sunderland-Flugboote in Richtung Wannsee landeten. Jeden Tag wurde im Rundfunk die Zahl der Landungen bekannt gegeben und diese stieg von Tag zu Tag rasant an. Über Kleinmachnow und großen Teilen Berlins war ein ständiges Brummen von Flugzeugmotoren zu hören, aber niemand störte sich daran, es war eher ein beruhigendes Geräusch. Besorgnis kam auf, als im Herbst und Winter das Wetter schlechter wurde und die Zahl der Landungen an manchen Tagen deutlich sank. Dann stellte sich die Frage, wie Westberlin den Winter überstehen würde.

Die Verkehrsverbindungen zwischen Westberlin und Ostberlin bzw. der Ostzone waren in der Blockadezeit nicht unterbrochen. D.h. man konnte sich fast unbehindert zwischen Ost und West bewegen. Beim Schulbesuch traten auch keine Probleme auf. Volumengüter wie Kartoffeln oder Kohle waren in Westberlin ziemlich knapp. Wenn wir dann ein paar Kilo Kartoffeln von Ost nach West über die Grenze schmuggeln konnten, war die Einnahme von etwas „Westgeld" gesichert. Die DM war von Anfang an erheblich begehrter als die Ostmark. Westberlin überstand unter deutlichen Einschränkungen den Winter 1948/49 und im Mai 1949 hob die Sowjetunion die Blockade auf. Die Freude in Berlin war natürlich riesengroß.

Mit der Blockade Berlins war für alle sichtbar der kalte Krieg ausgebrochen. Aus den früheren Waffenbrüdern waren Rivalen geworden. Da die Sowjetunion letztendlich ihr Ziel, Berlin unter Kontrolle zu bringen, mit der Blockade nicht erreicht hat, gingen die Westalliierten gestärkt aus dem Konflikt hervor. Vor allen Dingen hatte sich durch die Luftbrücke die Einstellung der Berliner und der Deutschen gegenüber den Westalliierten, insbesondere gegenüber den Amerikanern, grundlegend geändert. Aus den Besatzungsmächten waren nun Schutzmächte geworden.

Nach Beendigung der Blockade ging es auch in Westberlin deutlich bergauf. Es begannen die typischen Aufbaujahre. Überall wurde gebaut: Wohnungen, Häuser, Geschäftsgebäude und Fabriken. Das Warenangebot verbesserte sich zusehends. In Berlin konnte man erkennen, dass der Wiederaufbau und die Verbesserung der Lebensverhältnisse im Westen erheblich schneller vorankamen als im Osten. Mit ein Grund hierfür war sicherlich der sogenannte Marshallplan, benannt nach dem US-Außenminister. Die Amerikaner hatten 1948 ein Wiederaufbauprogramm für Westeuropa beschlossen und gewährten großzügige Wirtschaftshilfe insbesondere für die Westzonen und Westberlin, später auch noch für die Bundesrepublik.

1949 fanden im Westen die ersten freien Wahlen nach dem Kriege statt. Der CDU-Vorsitzende Konrad Adenauer wurde Bundeskanzler und Prof. Ludwig Erhard, später Vater des Wirtschaftswunders genannt, wurde Wirtschaftsminister. Gleichzeitig erfolgte im Osten die Gründung der DDR. Dass sich die Lebensverhältnisse in der DDR so viel langsamer verbesserten als in der Bundesrepublik, lag nicht nur an der amerikanischen Wirtschaftshilfe, sondern war auch systembedingt. In maßloser ideologischer Verblendung haben die Kommunisten und später die SED nach dem Kriege die Enteignungen und Verstaatlichungen vorangetrieben. Zunächst wurden nur die Banken und die Großunternehmen verstaatlicht. Vielleicht säße die SED-Führung heute noch im Sattel, wenn man es dabei belassen hätte. Auch im Westen gab es zu dieser Zeit noch viele durchaus erfolgreiche Staatsbetriebe wie Post, VEBA, VIAG, IVG, VW usw. Aber nein, die DDR-Führung enteignete danach auch die mittelständische Industrie, die meisten Handelsbetriebe, Hotels und Gaststätten. Im Grunde genommen war jede wirtschaftliche Privatinitiative weitgehend unterbunden.

Mit jeder Enteignungswelle stieg die Zahl der Flüchtlinge, die der DDR den Rücken kehrten und im Westen einen Neuanfang wagten. In den ersten Nachkriegsjahren durfte man die sowjetische Besatzungszone noch offiziell verlassen und konnte bei der Ausreise Hab und Gut mitnehmen. Später war das kaum noch möglich und so blieb nur die heimliche Flucht. Die Flüchtlinge versuchten natürlich, noch einige transportable Habseligkeiten und Ostgeld in den Westen mitzunehmen. Folge war, dass bei jeder Fluchtwelle der Kurs der Ostmark stark unter Druck geriet, Kurse 1:4 oder 1:5 waren keine Seltenheit. In der Spitze lag das Kursverhältnis, glaube ich, bei 1:8. Die DDR-Propaganda sprach immer vom Schwindelkurs, doch der Kurs ergab sich aus Angebot und Nachfrage. Und es wurden eben große Mengen Ostmark angeboten, während die Nachfrage sehr begrenzt war.

Entsprechend der allgemeinen politischen Entwicklung wuchsen auch die Probleme hinsichtlich des Besuchs von Westberlin und der Schule. Zu Zeiten der Berlin-Blockade durften wir die Grenze nach Westberlin noch unbehindert überqueren. Nach Gründung der DDR war der Übergang nur noch an bestimmten Kontrollstellen erlaubt. Für Kleinmachnow waren dies der Übergang in Düppel und die S-Bahn von Stahnsdorf/Dreilinden nach Berlin-Wannsee.

Bald wurde den Westberlinern die Einreise in die DDR verboten. So konnten uns die Westberliner Verwandte, Freunde und Schulkameraden in Kleinmachnow nicht mehr besuchen. Das war eine weitere SED-Schikane, die für „böses Blut" sorgte und etliche

DDR-Bürger bewog, ihre Zelte im „Arbeiter- und Bauernstaat" abzubrechen. Wenig später wurde auch der Grenzübergang Düppel geschlossen und die S-Bahn von Stahnsdorf über Dreilinden nach Wannsee eingestellt. Wir mussten dann mit dem Bus nach Babelsberg fahren und von dort mit der S-Bahn nach Wannsee. Zwischenzeitlich war DDR-Bürgern der Besuch von Westberliner Schulen untersagt worden. Wenn wir den Volkspolizisten bei der Grenzkontrolle als Schüler auffielen, wurde man an der Weiterfahrt gehindert und musste umkehren. Ein oder zwei S-Bahn Züge später unternahmen wir dann einen weiteren Versuch. Am besten war es, überhaupt nicht als Schüler in Erscheinung zu treten. Wir ließen häufig alle Schulbücher und Hefte in der Schule. Ostschüler durften auch nachmittags in der Schule bleiben. Die Schularbeiten verrichteten wir dann dort oder bei Klassenkameraden und Freunden. Wenn wir Schulhefte mit in die DDR nahmen, versteckten wir diese am Körper oder in den Kniestrümpfen.

Verräterisch waren die DDR-Ausweispapiere. Hier war unter Beruf „Schüler" angegeben. Für die Volkspolizisten schon ein Hinweis, genauer nachzuforschen. Wenn man dies verhindern wollte, musste der Ausweis ungültig gemacht werden, zum Beispiel indem er ins Wasser fiel. Dann beantragte man einen neuen Ausweis und erhielt für längere Zeit einen provisorischen Ausweis ohne Berufsangabe. Schüler aus dem Osten, die in Westberlin einen zweiten Wohnsitz hatten, bekamen ein ganz kleines Stipendium, von dem man gerade ein möbliertes Zimmer bezahlen konnte. Auch ich habe im Frühjahr 1953 für einige Monate von dieser Regelung Gebrauch gemacht.

Man spürte in dieser Zeit, wie die Stimmung in der DDR immer schlechter wurde. Am 17. Juni 1953 war dann die Zeit reif für einen Volksaufstand. Äußerer Anlass war die Erhöhung der Arbeitsnormen für die Bauarbeiter, die an der Stalinallee in Ostberlin arbeiteten. Die Streiks weiteten sich schnell auf andere Betriebe und weitere Städte aus. Der RIAS (Rundfunk Im Amerikanischen Sektor) berichtete ausführlich von den Ereignissen. Am Nachmittag und Abend saß natürlich die ganze Familie vor dem Radio. Fernsehen gab es zu dieser Zeit noch nicht, so dass man Fotos und

Bilder vom Volksaufstand erst später in den Westzeitungen und in der Wochenschau sah. Die Ost-Radiosender berichteten über die Vorgänge erst mit Verzögerung. Dann hieß es, dass westliche Agenten in Berlin Unruhen anzettelten. Am nächsten Tag waren die Verkehrsverbindungen nach Westberlin unterbrochen. Im Radio wurde berichtet, dass nur noch die Glienicker Brücke in Potsdam (damals Brücke der Einheit!) für den Übergang nach Westberlin offen sei. Mit dem Fahrrad machte ich mich auf den ziemlich langen Weg. Vor der Glienicker Brücke sah ich einige Männer zusammenstehen und erkundigte mich bei diesen, ob der Weg über die Brücke nach Wannsee frei wäre. Sie erklärten mir, dass noch kein Fußgänger oder Radfahrer von den VP zurückgeschickt worden ist. Wir hatten gerade einige Worte gewechselt, da kam ein Volkspolizist auf uns zu und eröffnete uns, höflich aber bestimmt, dass Ansammlungen über drei Personen verboten wären. Die Nervosität der VP war deutlich spürbar. Wir „zerstreuten" uns folglich und ich kam ohne weitere Komplikationen nach Westberlin. Erst am späten Vormittag erreichte ich die Schule. Natürlich hatte ich keinen Lehrstoff versäumt, denn Lehrer und Schüler hatten an diesem Tag nur Interesse an den aktuellen Ereignissen. Auf Anraten meiner Eltern blieb ich dann in den nächsten Tagen in meinem möblierten Zimmer in Berlin.

Der Ausgang des Volksaufstandes ist allgemein bekannt. Die DDR-Führung wagte es nicht, die Volkspolizei oder die Volksarmee gegen die Demonstranten einzusetzen. Der Aufstand wurde von der sowjetischen Besatzungsarmee blutig niedergeschlagen. Diejenigen, die sich beim Aufstand besonders hervorgetan hatten, wurden später von der DDR-Strafjustiz brutal verfolgt. Einigen gelang noch rechtzeitig die Flucht nach Westberlin.

Die Stimmung breiter Bevölkerungsschichten nach dem gescheiterten Volksaufstand kann man mit Resignation und Enttäuschung beschreiben. Resignation, weil jedem klar geworden war, dass man gegen die sowjetische Besatzungsmacht nichts ausrichten kann. Etwas Enttäuschung, weil die Westmächte nicht unterstützend eingegriffen hatten. Die Enttäuschung hielt sich jedoch in Grenzen, weil den meisten Menschen bewusst war, dass ein Eingreifen der Westalliierten die Gefahr eines Weltkrieges heraufbeschworen hätte, und einen neuen Krieg wollte auch niemand. Die gleichen negativen Erfahrungen mussten später auch die Ungarn 1956 und die Tschechen 1968 machen. Etwas Gutes hat der Aufstand doch bewirkt. Der SED-Führung muss der Schrecken in die Glieder gefahren sein. Vielleicht hat auch die Sowjetführung Druck auf die SED ausgeübt. Die Sowjetunion wollte sicherlich nicht schon bald wieder als brutale Unterdrückungsmacht in Erscheinung treten. Jedenfalls wurde in der Folgezeit der Sozialisierungskurs verlangsamt und einige Schikanen wurden aufgehoben. So konnten wir fast ungehindert die Schule besuchen. Im Jahr 1954 wurde auch der Grenzübergang Düppel wieder eröffnet, und es gab viel leichter Interzonenpässe, die zum Besuch der Bundesrepublik berechtigten. Sogar die Volkspolizisten an der Grenze waren für einige Zeit höflicher.

Im März 1954 habe ich die Abiturprüfung bestanden. Danach wollte ich an der TU Berlin Wirtschaftsingenieurwesen studieren. Dafür war eine abgeschlossene Lehre oder ein einjähriges Praktikum erforderlich. Das halbjährige technische Praktikum musste vor Studienbeginn gemacht werden. Das halbjährige kaufmännische Praktikum konnte man auf mehrere Semesterferien verteilen. Im Frühjahr 1954 war jedoch es nicht leicht, in Westberlin eine Praktikantenstelle zu bekommen. Gerade auf dem industriellen Sektor hinkte Berlin immer noch der allgemeinen Entwicklung hinterher.

Erst mit Hilfe von Freunden meiner Eltern wurde ich Praktikant bei der Fritz Werner AG, einer renommierten Firma für Werkzeugmaschinen. Nun hieß es früh aufstehen. Wenn man um sieben Uhr in Berlin-Marienfelde sein wollte, musste man vor fünf in Kleinmachnow aus den Federn. Ich konnte Marienfelde über Düppel, Zehlendorf und Steglitz oder über Teltow erreichen. Probleme beim Grenzübertritt gab es kaum.

Als ich mein Praktikum bei Fritz Werner begann, wurde sogar noch an Samstagen gearbeitet. Aber bald wurden die Samstag-Arbeitsstunden auf die Woche verteilt und eine kleine echte Arbeitszeitverkürzung kam hinzu. Das war natürlich eine feine Sache und das „lange Wochenende" war geboren. Damals hatten die Gewerkschaften noch Sinn und Gefühl für das Machbare und stellten keine maßlosen Forderungen.

5. Kapitel

Im Herbst 1954 begann mein Studium an der TU Berlin. Für meine Eltern bedeutete das einige Jahre weitere Belastungen durch mich. Zwar fielen keine Kosten für Miete an, denn ich konnte weiterhin zu Hause wohnen, aber ein „Fresser" musste weiter versorgt werden. Für die finanzielle Ausstattung war ich weitgehend selbst verantwortlich. In der Schulzeit sammelten wir zum Beispiel in Kleinmachnow und Umgebung leere Flaschen und verkauften diese dann in Westberlin. Das reichte nun natürlich nicht mehr aus. Jetzt musste in den Semesterferien Geld verdient werden, und auch während des Semesters griff man hin und wieder auf die Vermittlerdienste von TUSMA („Technische-Universität-Studenten-machen-alles") zurück.

Dabei war ich während der Studienzeit ein kleiner Währungsgewinner. Wenn man beispielsweise im Westen 100 Westmark verdient hatte und diese dann im Verhältnis 1:5 in 500 Ostmark umtauschte, konnte man von diesem Geld im Osten eine ganze Weile recht gut leben.

Studenten, die aus Ostberlin oder der DDR kamen, durften die Studiengebühren in Ostgeld zahlen. Studiengebühren waren während meines gesamten Studiums fällig. Wir zahlten damals, abhängig von den Fächern, die wir belegt hatten, zwischen 150,- bis 200,- Mark. Für damalige Verhältnisse war das eine Menge Geld. Man kann nur verwundert sein über das Geschrei, wenn heutzutage wenigstens Langzeitstudenten zur Kasse gebeten werden sollen.

Nach einem Semester wechselte ich das Studienfach und zwar von „Wi-Ing." zur reinen Betriebswirtschaftslehre. Ich war zur Einsicht gekommen, dass die Ausbildung zum Wirtschaftsingenieur zu allgemein war. Denn Technische Spezialkenntnisse muss man sich später im Beruf sowieso aneignen.

Das erste Semester und auch das technische Praktikum wurden auf das BWL-Studium voll angerechnet. Als BWL-Student hätte ich nur ein kaufmännisches Praktikum machen müssen. Das wäre zwar körperlich weniger anstrengend gewesen und man hätte auch besser verdient. Trotzdem möchte ich nachträglich gesehen die Erfahrungen aus dem technischen Praktikum nicht missen. Im technischen Praktikum mussten wir Praktikanten in der Lehrwerkstatt feilen, wir waren in der heißen Gießerei und in der Modelltischlerei und mussten drehen, fräsen, hobeln und schleifen lernen.

Besonders anstrengend waren die Schmiede, Bauschlosserei und Schweißerei. Oftmals haben die Praktikanten und Lehrlinge wegen der schweren Arbeit gestöhnt. Die meisten waren eigentlich ganz sportliche Typen, aber die körperliche Arbeit, acht Stunden lang, war man einfach nicht gewöhnt. Im späteren Leben ist es aber oftmals von Vorteil, wenn man einige handwerkliche Fähigkeiten besitzt. Vor allen Dingen sieht man auch später im Beruf einiges anders, wenn man beurteilen kann, wie schwer körperliche Arbeit ist. Man kann sich auch leichter in die Belange der Arbeiterschaft hineinversetzen.

Meine kaufmännischen Praktika absolvierte ich dann alle in der Bundesrepublik. Die DDR war damals bei der Vergabe von Interzonenpässen recht großzügig. Im Frühjahr 1955 hatte ich Praktikum bei einem großen Bekleidungshersteller im schönen Stuttgart, und im Herbst 1955 war ich bei der Gutehoffnungshütte in Oberhausen-Sterkrade tätig. Wenn man ein charmantes Mädchen kennenlernt, kann man es sogar in Sterkrade aushalten.

In den Jahren 1956 und 1957 folgten zwei Praktika bei der Feldmühle-Hauptverwaltung in Düsseldorf. In allen drei Firmen herrschte eine ausgeprägte Aufbruchstimmung. Die Mitarbeiter, mit denen man sprach, waren ausgesprochen optimistisch. Die allgemeine Stimmung in der Bundesrepublik war deutlich positiver als in Westberlin.

Als Berliner wurde man von den Kollegen oft mit dem „Notopfer Berlin" aufgezogen. Zur Unterstützung Westberlins wurden damals in der Bundesrepublik zusätzliche Abgaben erhoben. So erhob man auf Briefmarken zusätzlich zum Porto ein „Notopfer Berlin". Warum war damals die Stimmung so gut? Den Deutschen ging es im Verhältnis zu heute viel, viel schlechter, aber es ging den meisten Bundesbürgern langsam, aber stetig von Jahr zu Jahr besser. Heute jammern wir auf hohem Niveau. Warum ist zurzeit die Stimmung so schlecht, obwohl es den meisten Leuten relativ gut geht? Da gibt es handfeste Gründe wie hohe Arbeitslosigkeit und Staatsverschuldung. Die Stimmung wird aber auch sehr stark von den Erwartungen geprägt. Darum sollten die Regierenden weniger oft laut denken. Zu viele Vorschläge, die dann doch nicht realisiert werden, verunsichern nur die Bevölkerung.

Die jeweilige Opposition sollte echte Schwachstellen kritisieren und konkrete Alternativen aufzeichnen, die Lage aber nicht rabenschwarz malen. Bedenkenträger Nummer Eins sind hierzulande die Gewerkschaften und Kirchen. Bei Korrekturen der sozialen Sicherungssysteme sagen sie gleich den Weltuntergang voraus. Das Christentum und die sozialistische Ethik fordern zwar, dass den Schwachen, die keine eigenen Leistungen erbringen können, geholfen werden soll. Nirgendwo steht aber geschrieben, dass der Staat verpflichtet ist, die Faulen und Phlegmatischen zu unterstützen.

Besondere Verantwortung tragen auch Fernsehen, Rundfunk und Presse. Wenn man die Berichterstattung von heute mit der aus den fünfziger Jahren vergleicht, fällt auf, dass früher viel öfter über positive Ereignisse (Aufbau) und Entwicklungen berichtet wurde. Heute hat man manchmal den Eindruck, etliche Journalisten freuen sich geradezu, über negative Dinge berichten zu können.

Ich bin nicht dafür, Sachverhalte zu beschönigen, aber negative Übertreibungen sollten unterbleiben, auch wenn sie Quoten und Marktanteile bringen würden. Man kann jedoch durch Schwarzmalerei die Stimmung auch manipulieren.

Die Stimmung an der Fakultät für Wirtschaftswissenschaften der TU Berlin war Mitte der fünfziger Jahre ausgesprochen gut. Das typische Leben in Ost und West lieferte den Beweis, dass die soziale Marktwirtschaft der Planwirtschaft überlegen ist. Unsere Professoren waren der festen Ansicht, dass die von kommunistischen Theoretikern prophezeite Krise des Kapitalismus nicht eintreten würde. Auch eine erneute Weltwirtschaftskrise wie in den dreißiger

Jahren hielt man für ausgeschlossen. Man besaß jetzt die volkswirtschaftlichen Erkenntnisse, die derartige Krisen verhindern können. Extreme Konjunkturschwankungen können verhindert werden, wenn der Staat antizyklisch in die Konjunkturentwicklung eingreift. Im Prinzip ging man davon aus, dass der Staat in konjunkturell guten Zeiten finanzielle Rücklagen bilden soll, die dann in schwachen Zeiten für staatliche Investitionen, Arbeitsbeschaffungsmaßnahmen oder Steuersenkungen eingesetzt werden können. Zur Not darf sich der Staat bei schwacher Konjunktur sogar verschulden, wobei die Schulden in der nächsten Aufschwungphase wieder ausgeglichen werden sollen.

Ein Freund von mir meinte, dass die Professoren der Volkswirtschaft wahrscheinlich auch aufmerksam die Bibel studiert hätten. Und tatsächlich gibt es Ähnlichkeiten in den Aussagen. Joseph erklärt die Träume des Pharao wie folgt:

„Siehe, sieben reiche Jahre werden kommen in ganz Ägyptenland. Und nach ihnen werden sieben Jahre des Hungers kommen, so dass man vergessen wird alle Fülle in Ägyptenland. Und der Hunger wird das Land verzehren, dass man nicht wissen wird von der Fülle im Lande vor der Hungersnot, die danach kommt; denn sie wird sehr schwer sein. Dass aber dem Pharao zweimal geträumt hat, bedeutet, dass Gott solches gewiss und eilends tun wird. Nun sehe der Pharao nach einem verständigen und weisen Mann, den er über Ägyptenland setze, und sorge dafür, dass er Amtleute verordne im Lande und nehme den Fünften in Ägyptenland in den sieben reichen Jahren und lasse sie sammeln den Ertrag der guten Jahre, die kommen werden, dass sie Getreide aufschütten in des Pharao Kornhäusern zum Vorrat in den Städten und es verwahren, damit für Nahrung gesorgt sei für das Land in den sieben Jahren des Hungers, die über Ägyptenland kommen werden, und das Land nicht vor Hunger verderbe.“

In einer modernen Volkswirtschaft wird man nicht Korn einlagern, sondern finanzielle Rücklagen schaffen. Und tatsächlich konnte man Mitte der fünfziger Jahre in dieser Hinsicht optimistisch sein. Im ersten Kabinett Adenauer war Fritz Schäffer Finanzminister. Trotz spärlicher Steuereinnahmen hatte er erhebliche finanzielle Rücklagen gebildet. In Anlehnung an den Juliusturm in Spandau, in dem Preußen seine Staatsgelder aufbewahrte, sprach man damals vom bundesrepublikanischen Juliusturm. Der „Schäffersche Juliusturm" sollte leider auch der einzige in der Geschichte der Bundesrepublik bleiben. Alle anderen Regierungen danach haben mehr oder weniger Schulden gemacht. Dabei muss man sogar noch berücksichtigen, dass zahlreiche Staatsbetriebe, die einstmals aus Steuergeldern aufgebaut wurden, privatisiert worden sind (VW, VEBA, VIAG, IVG, Telekom, Post usw.). Die Privatisierungserlöse hätten auf jeden Fall zum Schuldenabbau benutzt werden müssen. Auch die sogenannten Sparhaushalte waren meist Mogelpackungen. Man stelle sich vor, ein Familienvater mit jährlichen Einnahmen von 50.000 Euro macht Jahr für Jahr 10.000 Euro Schulden. Nach einiger Zeit kommen ihm Bedenken und er verkündet, dass er im kommenden Jahr nur noch 5.000 Euro Schulden machen will. Würde man dies als Sparhaushalt bezeichnen? Aber genau das ist die Handlungsweise der meisten Finanzminister.

Die Schuldenpolitik beschränkt sich jedoch nicht nur auf Deutschland, sondern ist in vielen Ländern verbreitet. Ein weiser Professor der Volkswirtschaft soll einmal gesagt haben: „Politiker sind wie Hunde, sie können keine Vorräte anlegen."

Man kann melancholisch werden, wenn man bedenkt, dass die Volkswirtschaftslehre Lösungen für unsere Probleme bereit hält, die Politik jedoch nicht in der Lage ist, diese Theorien in die Praxis umzusetzen. Es gibt aber auch Länder wie Finnland, die das weitgehend geschafft haben. Meines Erachtens ist es besonders wichtig, breiten Bevölkerungskreisen und vor allen Dingen der Jugend das Verständnis für wirtschaftliche Zusammenhänge zu schärfen. Politiker wollen gewählt werden. Solange das Wahlvolk diejenigen Politiker bevorzugt, die auf „Pump" die besten Versprechungen machen, werden wir das Schuldenproblem nicht in den Griff bekommen.

Ich erinnere noch einmal an den oben genannten Familienvater. Nicht derjenige ist der beste Familienvater, der auf sein Haus eine weitere Hypothek aufnimmt und dafür seiner Frau einen teuren Pelzmantel und dem Sohn ein Motorrad kauft und seiner Tochter eine teure Reise finanziert.

In Deutschland ist das Schuldenproblem auch so groß geworden, weil man immer wieder versucht hat, die Arbeitslosigkeit mit teuren Konjunkturprogrammen zu bekämpfen. Das bringt aber keine Erfolge, denn wir haben schon seit Jahrzehnten hauptsächlich eine strukturelle Arbeitslosigkeit und gegen die helfen keine Konjunkturprogramme. Die Volkswirtschaftslehre bietet auch für die strukturelle Arbeitslosigkeit Lösungsmöglichkeiten an, man muss nur den Mut haben, diese nutzen.

Bis 1957 hatte ich alle meine Praktika geleistet. Im Spätsommer konnte ich erstmals einige Tage richtigen Urlaub machen. Meine Eltern kannten in Ahlbeck eine kleine, noch private Pension und dort war Anfang September für mich noch ein Zimmer frei. An der Ostsee privat Urlaub zu machen, war kaum noch möglich. Alle größeren Hotels und Pensionen und auch viele Restaurants waren enteignet worden. In der Pension freundete ich mich bereits am ersten Tag mit einem Berliner an, den ich vorher nicht kannte. Am Abend machten wir die Ahlbecker Seebrücke unsicher, wo ich meine spätere Frau Edith kennen lernte. Zusammen mit einer Freundin verbrachte auch sie ihren Urlaub in Ahlbeck.

Für den nächsten Tag verabredeten wir uns am Strand. Am Nachmittag wollten wir vier „Kaffee trinken gehen" und machten uns auf den Weg zur Seebrücke. Dort angekommen erblickten wir einen Tisch mit fünf Stühlen, an dem bereits ein älteres Ehepaar saß. An einem der Nebentische war ein Stuhl unbesetzt, und nachdem ich mich erkundigt hatte, ob der Stuhl frei ist, wollte ich diesen an unseren Tisch stellen. Jetzt fauchte mich der Kellner an: „Hier werden keine Stühle verstellt!"

Nachdem ich ihm die Situation erklärt und ein Scheinchen in die Hand gedrückt hatte sagte er mit freundlichem Lächeln: „Ich meine nur, dass unsere Gäste die Stühle nicht verstellen müssen, das machen selbstverständlich wir." Als wir unsere Bestellung aufgegeben hatten, sagte der ältere Herr, der an unserem Tisch saß: „Hoffentlich haben sie reichlich Zeit mitgebracht, wir warten bereits seit zirka einer Stunde." Kaum hatte er diese Warnung ausgesprochen erschien der Kellner und servierte uns Kaffee und Kuchen.

Der ältere Herr war zunächst sprachlos, erklärte dann aber ziemlich barsch, dass er zwar nichts gegen unsere schnelle Bedienung hätte, es wäre jedoch eine Frechheit, dass er so lange warten müsse. Daraufhin der Kellner „Ich lasse mich als Werktätiger nicht beschimpfen, von mir bekommen sie nichts mehr serviert." Unser Tischnachbar beschwerte sich daraufhin beim „Objektleiter". Dieser wollte Frieden und brachte kurze Zeit später Kaffee und Kuchen persönlich an den Tisch, mit der Bemerkung, dass man Werktätige tatsächlich nicht beleidigen darf. Was will ich mit dieser kleinen Story sagen? Auch im real existierenden Sozialismus konnte man einigermaßen gut leben, wenn man zur herrschenden Klasse gehörte oder gute Verbindungen hatte, aber auch großzügige Trink- oder Bestechungsgelder machen das Leben in einer Verknappungswirtschaft leichter. So auch einige Tage später. Wir wollten in Bansin in einer Tanzbar einen Platz ergattern. Der Kellner erklärte uns jedoch, dass man völlig ausgebucht sei. Nachdem auch hier ein Scheinchen den Besitzer gewechselt hatte, meinte der Kellner, er müsste einmal überprüfen, ob Gäste abgesagt hätten. Und siehe da, das war der Fall. Als er uns zum Platz begleitete sagte er noch: „Das war aber großzügig, es soll ihr Schaden nicht sein." Ich wusste nicht, was er meinte und sprach leise zu Edith: „Dunkel ist der Rede Sinn."

Später erfolgte die Auflösung der geheimnisvollen Botschaft. Die Tische in der Bar waren extrem klein, so dass die Kühler mit den Wein- und Sektflaschen an einem separaten Tisch abgestellt wurden. Der Kellner schenkte dann den einzelnen Gästen bei Bedarf nach. Ich wunderte mich schon, dass unsere Flasche kaum leerer wurde, als der Kellner uns fragte, ob wir nicht über unsere Zauberflasche staunen würden: Es hatten auch andere Gäste russischen Sekt bestellt, und der Kellner bediente uns aus mehreren Flaschen, so dass wir mit einer Flasche lange einen vergnüglichen Abend hatten.

Nach den schönen Urlaubstagen an der Ostsee verbrachten wir noch zwei Tage in West- und Ostberlin. Dann musste mein Schatz wieder zurück nach Dessau. In der Folgezeit lernten wir die Bahnstrecke Potsdam-Dessau und zurück ganz genau kennen. Im November 1958 bestand ich das Staatsexamen. Ursprünglich wollte ich gleich nach dem Studium die Promotion anstreben, aber die finanzielle Situation veranlasste mich dann doch, eine feste Anstellung zu suchen. Ab Juli 1959 war ich in einem Zweigwerk der

Conti Elektro AG in Berlin-Steglitz beschäftigt. Ich hoffte, nebenbei noch meine Promotion erledigen zu können, was sich aber später als Irrtum erwies. Die freie Zeit für die Doktorarbeit war doch sehr begrenzt, auch dadurch, dass die Wochenenden für gegenseitige Besuche eingeplant wurden.

Jetzt war ich also „Grenzgänger". So wurden offiziell die Leute bezeichnet, die in Westberlin arbeiteten, aber noch im Osten wohnten, oder umgekehrt. Der Westberliner Senat hatte für die Grenzgänger eine Verrechnungsstelle eingerichtet. Grenzgänger, die in Westberlin arbeiteten und im Osten wohnten bekamen von ihrem Gehalt 60 Prozent in Westgeld und 40 Prozent in Ostgeld ausbezahlt. Umgekehrt konnten die Grenzgänger, die in Ostberlin oder in der DDR arbeiteten und in Westberlin wohnten, einen Teil ihres Ost-Einkommens im Verhältnis 1:1 bei der Verrechnungsstelle in Westmark umtauschen. Da Ende der fünfziger und Anfang der sechziger Jahre noch zahlreiche Menschen im Osten arbeiteten und in Westberlin wohnten (zum Beispiel Künstler von Staatsoper und Komischer Oper, Ärzte der Charité und vor allen Dingen Mitarbeiter der Reichsbahn), lag es auch im Interesse der DDR, dass eine praktikable Regelung gefunden worden war.

Als Grenzgänger durfte man legal Westgeld besitzen, was offiziell für DDR-Bürger verboten war. Auch die Einfuhr von Westwaren in die DDR und Ostberlin war erlaubt. Mit derartigen Vorteilen konnte man es auch in der DDR aushalten.

Im Mai 1960 haben wir geheiratet. Die Hochzeitsreise ging nach Eisenach auf die Wartburg und nach Meißen und Dresden. Wir wollten uns noch diese Städte-Perlen ansehen bevor wir der DDR den Rücken kehren würden. Unmittelbar nach der Hochzeit haben wir die Ausreise aus der DDR beantragt. Meine Ausbildung hatte für die DDR nichts gekostet, und mein an der TU erworbenes Fachwissen hätte ich im Osten nicht einsetzen können. So hofften wir, dass unsere Ausreise genehmigt werden würde. Das hätte den Vorteil gehabt, dass wir uns mit Verwandten und Freunden weiterhin in Ostberlin hätten treffen können und dass wir die Transitstrecken zwischen Westberlin und der Bundesrepublik benutzen dürften. Ferner würde eine genehmigte Ausreise unseren Verwandten in der DDR den typischen Ärger bei einer Flucht ersparen. Es vergingen Monate und keine Antwort kam. Auf Rückfrage hieß es, der Antrag ist im Bearbeitung.

Als im Frühjahr 61 immer noch keine Genehmigung vorlag, begannen wir systematisch unsere Winterkleidung, Fachbücher und andere mobile Dinge nach Westberlin zu schaffen und bei Freunden und Bekannten einzulagern. Das konnte nur schrittweise erfolgen, denn man durfte natürlich an der Grenze nicht auffallen. Gleichzeitig begann die Wohnungssuche in Westberlin. Das war Anfang der sechziger Jahre keine leichte Aufgabe. Der Wohnungsmarkt hatte sich noch längst nicht normalisiert. So kam es dazu, dass wir im August 1961 immer noch bei meinen Eltern in Kleinmachnow wohnten.

1960/61 hat die DDR-Führung die Daumenschrauben wieder deutlich angezogen. Der Volksaufstand von 1953 war scheinbar vergessen, und die Bauern wurden verstärkt in die LPG (Landwirtschaftliche Produktions-Genossenschaften) getrieben, die Handwerker entsprechend in die PGH. Gleichzeitig blühte in der Bundesrepublik die Wirtschaft. Es waren typische „Wirtschaftswunderjahre". Die Folge waren dramatisch ansteigende Flüchtlingszahlen. Im August berichteten die Zeitungen jeden Tag von neuen Rekordzahlen. Die Aufnahmelager in Westberlin quollen über.

Am Freitag den 11. August 1961 rief mich mein Onkel aus Hamburg in der Firma an und sagte zu mir: „Junge, man hört jetzt so viele Gerüchte, dass die DDR beabsichtigt, eine Mauer zu bauen, wollt ihr nicht besser über das Wochenende in Westberlin bleiben?" Meine Antwort lautete: „Zwischen Kleinmachnow und Berlin kenne ich jeden Weg und Steg, die können gar nicht so dicht machen, dass ich nicht noch ein Schlupfloch finde." Wie sich später herausstellte eine fatale Fehleinschätzung.

Immerhin hatte mich das Ferngespräch so verunsichert, dass ich nach Geschäftsschluss noch zur Bank ging und zwei- oder dreihundert Westmark in Ostgeld umtauschte. Normalerweise war die Quote, die man als Grenzgänger in Ostmark ausbezahlt bekam ausreichend, aber in diesem Fall wollte ich auf Nummer sicher gehen. Der Umtauschkurs war auch hervorragend, die Ostmark war fast ins Bodenlose gefallen. Am Samstag unternahmen meine Mutter, meine Frau und ich einen Ausflug und Einkaufsbummel nach Potsdam. Die Rückfahrt erfolgte über Westberlin, besondere Vorfälle gab es nicht. Abends spielte die ganze Familie noch Karten und gutgelaunt gingen wir zu Bett.

Am nächsten Morgen vor sieben Uhr klingelte es Sturm. Mein Bruder, der vor mir am Fenster war, sagte noch schlaftrunken „Karl Heinz ist unten". Karl Heinz, leider viel zu früh bei einem Autounfall verstorben, war mein bester Schulfreund. Ich antwortete meinem Bruder: „Ist der denn verrückt geworden, uns so früh zu wecken". Als ich meinem Freund die Haustür öffnete, sagte er ganz aufgeregt: „Habt ihr schon die Nachrichten gehört, die Grenze ist dicht." Karl Heinz hatte den Abend mit seiner Freundin in Westberlin verbracht und war nach 24.00 Uhr nach Kleinmachnow zurückgefahren. An der Grenze wunderte er sich schon über die vielen Volksarmisten und die zahlreichen Militärfahrzeuge. Man hatte ihn nach 24.00 Uhr in die DDR hineingelassen, herausgelassen hätte man ihn nicht mehr. Weil er schlecht schlafen konnte, war er so früh aufgestanden und hatte sofort die Radionachrichten gehört. Jetzt waren wir alle hellwach. Das Radio wurde angestellt und die Nachrichtensprecher bestätigten in ständigen Sondermeldungen die Aussage meines Freundes.

Allzu beunruhigt war ich merkwürdigerweise immer noch nicht. Die Entwicklung kam ja nicht ganz unerwartet. Ich sagte: „Jetzt frühstücken wir erst einmal gemütlich, und dann schauen wir uns die Grenze an." Karl Heinz war jedoch der Appetit vergangen. Er wollte sofort eine Grenzbesichtigung vornehmen und verabschiedete sich mit dem Versprechen, später ausführlich zu berichten.

Wir hörten natürlich auch DDR-Sender. Dort wurde berichtet, dass zur Abwehr von westlichen Agenten und Saboteuren ein „antifaschistischer Schutzwall" errichtet wird. Diese Version der Mauer glaubten jedoch selbst überzeugte SED-Genossen nicht. Man wusste, dass der Staat die eigene Bevölkerung einsperren wollte.

Nach dem Frühstück nahmen meine Frau und ich die Fahrräder und wir machten uns auf den Weg zur Grenze. Vorsorglich verabschiedeten wir uns herzlich von Eltern und Bruder. Die feierliche Verabschiedung war jedoch nicht erforderlich: Nach einigen Stunden waren wir wieder zurück.

An der Grenze war ich doch sehr erstaunt. An einigen wichtigen Stellen stand bereits eine Mauer und der übrige Grenzstreifen war durch Stacheldraht unpassierbar gemacht worden. Darüber hinaus stand alle 25 oder 50 Meter ein Volkspolizist oder Volksarmist, voll bewaffnet. Hin und wieder hörte man in der Ferne auch einen Schuss. Man wusste nicht, ob nur in die Luft geschossen wird oder gezielt auf Flüchtlinge. Nach einigen Stunden gaben wir unseren Versuch, ein Schlupfloch in der Grenze zu finden, auf. Ich war ziemlich sprachlos. Wenn auch vieles in der DDR nicht klappte, diese Aktion war bestens organisiert und perfekt durchgeführt worden. Auf dem Heimweg erblickten wir angebracht an Bäumen und Tafeln die ersten amtlichen Bekanntmachungen. Der Inhalt war weitgehend deckungsgleich mit den DDR-Radionachrichten. Im letzten Absatz wurde sinngemäß gesagt, dass über Besuchsmöglichkeiten von DDR-Bürgern nach Westberlin gesonderte Richtlinien ergehen werden.

Am Abend saßen wir alle zusammen und hörten die aktuellen Nachrichten. Mein Freund war gekommen und berichtete, dass er auch kein Schlupfloch in der Grenze gefunden hätte. Merkwürdigerweise war ich immer noch nicht hundertprozentig beunruhigt. Ich hatte genügend Geld umgetauscht, Urlaub war sowieso eingeplant, es war herrliches Sommerwetter und einige schöne Urlaubstage waren doch gar nicht so schlecht. Also verkündete ich noch optimistisch in der Runde: „Lasst uns doch nicht verrückt machen und erst einmal die angekündigten Ausführungsbestimmungen für den Grenzübertritt abwarten. Die Grenze war 1953 beim Volksaufstand auch schon einmal geschlossen und wurde dann wieder geöffnet. Außerdem haben die Westalliierten auch noch ein Wörtchen mitzureden. Und was passiert morgen in Ostberlin, wenn Tausende nach Westberlin zur Arbeit fahren wollen? Gibt es einen neuen Volksaufstand?" Karl Heinz hielt meinen Optimismus für bodenlosen Leichtsinn und meinte: „Diesmal ist alles anders!"

Ganz wohl war mir allerdings auch nicht in meiner Haut, und so beschlossen wir, Edith und ich, am nächsten Tag nach Ostberlin zu fahren, um die Lage dort zu sondieren. Am nächsten Morgen machten wir uns pünktlich auf den Weg. Normalerweise fuhren wir mit der S-Bahn durch Westberlin nach Ostberlin. Das war nun nicht mehr möglich. Also mussten wir den sogenannten „Sputnik" benutzen. Das war ein Zug, der Westberlin umfuhr. Diese Verbindung gab es bereits vor dem Mauerbau. Alle Personen, denen der Besuch von Westberlin verboten war, mussten auch schon vor dem Mauerbau diese Züge benutzen.

Auf der Bahnfahrt nach Ostberlin sahen wir in den Wäldern und auf den Feldern zahlreiche sowjetische Militäreinheiten. Die DDR-Führung und die Sowjets wussten, dass sie eine sehr unpopuläre Maßnahme ergriffen hatten und waren auf den Ernstfall gut vorbereitet. Beim Anblick dieser Militärmengen war mir sofort klar, dass ein Volksaufstand wie 1953 keine Aussicht auf Erfolg hat.

In Ostberlin waren bereits die Straßen, die zur Sektorengrenze führten weitgehend abgesperrt. Man kam an die Grenze kaum noch heran, und überall war Volkspolizei und Volksarmee zu sehen. Also mussten wir unverrichteter Dinge den Heimweg antreten. Und was geschah auf politischer Ebene? Die deutschen Politiker sprachen hinsichtlich des Mauerbaus von einer großen Schande, die westlichen Alliierten protestierten und verlangten uneingeschränkte Bewegungsfreiheit für ihre Truppen in ganz Berlin. Gegen die Mauer selbst konnten oder wollten sie nichts unternehmen.

Das war auch schwierig, denn die Mauer wurde auf Ostgebiet errichtet. Ein Einreißen der Mauer durch die westlichen Alliierten hätte unkalkulierbare Folgen gehabt. Im Prinzip geschah also herzlich wenig. Ausführungsbestimmungen für die Ausreise nach Westberlin beziehungsweise in die Bundesrepublik ergingen auch nicht, und unser Antrag auf offizielle Ausreise wurde kurze Zeit später abgelehnt. Damit hatte ich jedoch nach dem 13. August bereits gerechnet. Jetzt wurde auch mir klar, dass die Situation kritisch war.

6. Kapitel

Karl Heinz hatte sich unmittelbar nach dem Mauerbau in Ostberlin mit seiner Freundin getroffen. Beide studierten damals an der FU Berlin. Von seiner Freundin erfuhr er, dass eine Gruppe von Studenten plante, Kommilitonen, die im Osten eingeschlossen waren, zu helfen. Durch gefälschte Pässe oder Ausweise sollte ihnen zur Flucht verholfen werden.

Mein Freund versprach mir, für den Fall, dass es bei ihm „klappen" würde, sich auch für uns einzusetzen. Tatsächlich meldete er sich bereits nach wenigen Tagen aus Westberlin. Es dauerte jedoch einige Zeit, bis der Kontakt zu den Fluchthelfern hergestellt werden konnte. Man musste sehr vorsichtig sein. Die Telefongespräche wurden oftmals von der „Staatssicherheit" abgehört, und auch die Post wurde kontrolliert.

Das erste Mal trafen wir uns an einem vorher vereinbarten Ort in Ostberlin. Wir wurden von Karl Heinz Freunden über die beabsichtigte Vorgehensweise informiert. Sie benötigten von uns aktuelle Passfotos, und wir verabredeten einen neuen Termin.

Danach trafen wir uns in der Wohnung meines Onkels in Ostberlin. Das war natürlich weniger auffällig als ein Treffen an einem öffentlichen Ort. Schon beim nächsten Treffen eine Woche später machte man uns Hoffnungen, dass man bald zwei Pässe für uns gefunden haben würde, in die dann unsere Passbilder eingesetzt werden sollten.

Zwei oder drei Wochen später fand ein erneutes Treffen statt. Unsere Fluchthelfer mussten uns erklären, dass die geplante Ausschleusung mit gefälschten Pässen leider nicht mehr möglich sei. Die DDR-Grenzorgane legten seit einigen Tagen bei der Ausreise

die Pässe unter sogenannte Quarzlampen und würden damit auch
gute Fälschungen erkennen. Die Gefahr, ertappt zu werden, war
somit viel zu groß. Unsere Enttäuschung war natürlich gewaltig.
Unsere Freunde wollten jetzt zwei Menschen, möglichst ein Ehepaar, suchen, die ähnlich wie wir aussehen sollten. Mit den Origi-
nalpässen sollten wir dann ausgeschleust werden.
Uns war klar, dass dies eine verdammt schwierige und zeitrau-
bende Aufgabe darstellte. Tief enttäuscht fuhren wir nach Kleinmachnow zurück. Es war ein merkwürdiges Gefühl. Wir hatten
uns schon feierlich von Eltern und Bruder verabschiedet und nun
waren wir wieder da. Parallel zu den geschilderten Fluchtbemü-
hungen hatte ich auch immer wieder die Grenze in Kleinmachnow
und Umgebung inspiziert. Aber ich fand kein Loch in der Mauer
bzw. im Grenzsystem. Am Teltowkanal hätte man im August unter
Umständen im Schutz der Dunkelheit schwimmend noch das
westliche Ufer erreichen können. Meine Frau ist jedoch keine so
„große" Schwimmerin und schon gar nicht bei Aufregung. Dieses
Risiko wollten wir doch nicht eingehen.
Einige Zeit später besuchten wir die Eltern eines Klassenkameraden, von denen ich wusste, dass sie direkt an der Grenze wohnten. Diese Grenzstraße war bereits am Eingang von der VP abgesperrt worden. Man musste angeben, wen man besuchen wollte,
und erst nach Bestätigung durch diejenigen, die besucht werden
sollten, wurde der Weg freigegeben.
Die Eltern meines Schulfreundes erkannten sofort unsere Absichten und zeigten uns die Örtlichkeiten. Die Mauer verlief an
dieser Stelle direkt hinter ihrer Terrasse. Das Haus stand im Osten
und der Garten lag hinter der Mauer im Westen. Mein Schulfreund, der sich schon vorher nach Westberlin abgesetzt hatte,
warf hin und wieder Äpfel von den eigenen Obstbäumen über die
Mauer zu seinen Eltern. An dieser Stelle hätte man noch über die
Mauer klettern können, aber dann hätten wir den Eltern meines
Klassenkameraden wegen Beihilfe zur Flucht große Probleme mit
den DDR-Behörden bereitet. Später wurde das Einfamilienhaus
wegen der extremen Grenznähe abgerissen.
Im Spätherbst inspizierten wir mehrmals die Gegend am Schloss
Cecilienhof in Potsdam. In Berlin wird es im Herbst und Winter

öfter stark neblig, besonders in Wassernähe. So hatte ich die Hoffnung, bei Nebel mit einem Schlauchboot über den Jungfernsee unerkannt nach Westberlin rudern zu können.

Im Herbst 1961 gab es hinten dem Schloss Cecilienhof noch keine Mauer. Man kam noch ohne Probleme an den See heran, aber die Grenzschützer patrouillierten in kurzen Abständen. Da das Aufblasen eines Schlauchbootes deutliche Geräusche verursacht, wäre man sicherlich aufgefallen. So blieben nur zwei gute Abendessen im Schlossrestaurant übrig, doch von unserem Vorhaben mussten wir uns jedoch verabschieden.

Am 11. August hatte ich zwar zusätzlich zum normalen Ostmark-Einkommen noch Westmark in Ostgeld getauscht, Ende August wurde die finanzielle Lage trotzdem kritisch. Da man nicht wusste, wie lange man eingesperrt bleiben würde, beschloss ich, im Osten eine geeignete Arbeit zu suchen. Dieses selbständige Suchen war auch angebracht, weil den Grenzgängern von der staatlichen Arbeitsvermittlung oftmals nicht die „besten Jobs" zugewiesen wurden.

Auf Grund meiner Ausbildung hielt ich natürlich die Planwirtschaft für wenig effektiv und die Wirtschaftspolitik der DDR-Regierung für verfehlt. Eine abgrundtiefe Abneigung gegenüber dem DDR-System bestand bei mir zu dieser Zeit jedoch noch nicht. Folglich wollte ich in der DDR eine Arbeit finden, in die ich meine Kenntnisse einbringen konnte. Ich hatte mich in Richtung Absatzwirtschaft spezialisiert und meine Diplomarbeit über industrielle Absatzplanung geschrieben.

Über Zustände und Entwicklungen in der DDR wurde von uns Studenten auch in den volkswirtschaftlichen Seminaren diskutiert. So war uns unverständlich aus welchen Gründen die DDR-Führung die Preise als Regulativ und Steuerungsinstrument außer Kraft gesetzt hatte. In der DDR wurde teilweise durch weit überhöhte Preise Kaufkraft abgeschöpft, andere Produkte und Dienstleistungen wurden dagegen subventioniert. Aber auch in einer Planwirtschaft hätte man den Preis als Steuerungsinstrument beibehalten können. Die Gesamtplanung wäre dann erheblich einfacher gewesen. Mit diesen Gedanken im Kopf machte ich mich auf den Weg nach Ostberlin um herauszufinden, wo gegebenenfalls eine interessante Beschäftigungsmöglichkeit besteht. Ich wollte zunächst nur erkunden, ob es überhaupt sinnvoll ist, sich schriftlich zu bewerben. Soweit ich mich noch erinnern kann, habe ich damals bei zwei Stellen des Deutschen Innen- und Außenhandels (DIA) und bei einem Amt für Planung und Statistik vorgesprochen. Teils waren meine Gesprächspartner freundlich und fast mitfühlend, gaben mir jedoch zu verstehen, dass für Grenzgänger und dann noch mit Westausbildung anspruchsvolle Tätigkeiten vorerst nicht in Frage kommen würden. „Da müssen sie sich erst in der Produktion bewähren."

Ein anderer „Kadermensch" war ziemlich unfreundlich und sagte zu mir: „Marktforschung brauchen wir nicht, was wir produzieren wird auch abgesetzt." Im Stillen dachte ich nur, mit dieser Einstellung werdet ihr auf den Weltmärkten weit kommen. Meine Vorstellung, etwas dazu beitragen zu können, die sozialistische Planwirtschaft ein bisschen effizienter zu gestalten, erwies sich also als reine Luftnummer.

Durch Vermittlung eines Bekannten meines Freundes Karl Heinz bekam ich schließlich Anfang September 1961 eine Anstellung beim VEB Geräte-Reglerwerk Teltow. Innerhalb einer großen Projektierungsabteilung war ich zuständig für kaufmännisch-administrative Aufgaben. GRW war ein enteignetes Zweigwerk der Askania-Werke, die auch zur Conti Elekro Gruppe gehörten. Am Nummerungswesen des GRW konnte man teilweise noch die Ursprünge erkennen. Finanziell musste ich natürlich deutliche Abstriche hinnehmen, aber die Aufnahmen bei Vorgesetzten und Kollegen war ausgesprochen herzlich. Auch wurde ich von Kollegen gewarnt, bei welchen Personen man mit politischen Äußerungen besonders vorsichtig sein sollte.

Welche Unterschiede gab es bei der täglichen Arbeit zwischen West und Ost? Wenn man es positiv ausdrücken will, kann man für den Angestellten-Bereich sagen, dass es im Osten „gemütlicher" und damit auch etwas weniger effizient zuging. Anfang der sechziger Jahre wurde allerdings im Westen auch nicht so intensiv gearbeitet wie heute. Die Entwicklung in Richtung Termindruck und Hektik wurde bei den Angestellten maßgeblich durch die vielen Arbeitszeitverkürzungen geprägt. Die Betriebe konnten es sich aus Kostengründen nicht leisten, bei Arbeitszeitverkürzungen zusätzliches Personal einzustellen. In den meisten Fällen musste die gegebene Arbeit in kürzerer Zeit vom vorhandenen Personal erledigt werden. Das die Vorgesetzten im Osten nachsichtiger oder großzügiger gegenüber den Mitarbeitern reagierten, hatte sicherlich mehrere Gründe. Da war zunächst die sozialistische Grundeinstellung, und kein Vorgesetzter wollte Streit mit der Betriebs-Gewerkschafts-Leitung (BGL). Ein volkseigener Betrieb kann auch nicht in Konkurs gehen. Besonderes Verständnis oder Mitgefühl hatten die leitenden Mitarbeiter auch wegen der allgemeinen wirtschaftlichen Situation, unter der sie oftmals selber litten. Man stelle sich zum Beispiel vor, im Westen würde ein Mitarbeiter zum Vorgesetzten gehen und ihm erklären, er müsse jetzt eine Stunde frei nehmen, um Einkäufe zu tätigen. Der entsprechende Chef würde ihn wahrscheinlich für verrückt erklären. Anders im Osten. Wenn ein Mitarbeiter die Möglichkeit hatte, besondere Mangelwaren, etwa eine Autobatterie, zu ergattern, hat ihn ein mitfühlender Chef vom Einkauf nicht abgehalten.

So vergingen Wochen und Monate, bis wir uns Mitte Dezember mit unseren Fluchthelfer-Freunden in Ostberlin bei meinem Onkel trafen. Als wir uns zu Hause von der Familie verabschiedeten, sagte meine Mutter: „Ich habe das Gefühl, heute klappt es."

Und tatsächlich hatten unsere Freunde ein Ehepaar aus Österreich gefunden, das uns etwas ähnlich sah und auch bereit war, die Reisepässe zur Verfügung zu stellen. Aber was für ein Erschrecken, als Edith und ich in die Pässe blickten. Die beiden Passbesitzer hatten zwar eine gewisse Ähnlichkeit mit uns und waren auch in unserem Alter, aber sie sahen natürlich nicht so aus wie wir.

Unsere Freunde beruhigten uns wie folgt: „Natürlich erkennt man bei genauen Hinsehen schon den Unterschied, aber dafür sind die Pässe echt. Die Grenzer werden bei der starken Kälte nicht so genau kontrollieren. Zieht eure Hüte ins Gesicht und bindet den Schal hoch. Pustet bei der Kontrolle vor Kälte in die Hände, dann kann man euch nicht so genau erkennen."

Wir sahen ein, dass es eine bessere Chance kaum geben würde und es begannen die konkreten Fluchtvorbereitungen. Nichts an unserer Kleidung oder an den Gegenständen, die wir mit uns führten, durfte einen Hinweis auf die DDR geben. Also wurde alles noch einmal gründlich kontrolliert, von der Unterhose bis zum Lippenstift. Von unseren Freunden wurden wir auch mit West-Zigaretten und Kinokarten ausgestattet. Alles musste westlich aussehen. Zum Schluss mussten wir unsere neuen Namen, die Geburtsdaten und die Wohnanschrift auswendig lernen. Als Grenzübergang riet man uns die Friedrichstraße, den *Checkpoint Charly*. Wir verabschiedeten uns von den Freunden und von Onkel und Tante. Alle wünschten viel Glück und wir machten uns mit schlotternden Knien auf den Weg in die Innenstadt. In der Friedrichstraße sondierten wir aus einiger Entfernung erst einmal das Treiben am Grenzübergang. An diesem eiskalten Sonntagabend war kein einziger Fußgänger zu sehen. Hin und wieder passierte ein PKW den Grenzübergang. Ich sagte zu meiner Frau: „Hier sollten wir es nicht versuchen, die Grenzer haben genügend Zeit, uns intensiv zu kontrollieren."

Auch Edith war unheimlich zu Mute und sie bestärkte mich in meiner Auffassung. Schließlich kamen wir überein, einen Versuch am S-Bahnhof Friedrichstraße zu unternehmen. Zunächst gingen wir zum südlichen Eingang. Dort sah sich ein Grenzer unsere Papiere an, erklärte dann aber, dass der Eingang auf der anderen Bahnhofsseite sei. Uns fiel schon ein Stein vom Herzen, dass der erste Volkspolizist nichts bemerkt hatte. Direkt vor dem Nordeingang war tatsächlich auch die erste Vorkontrolle. Wir taten wie empfohlen: Hüte ins Gesicht, Schal hoch und in die Hände pusten. Der Volkspolizist musterte uns nur kurz, bestätigte die Kälte und ließ uns passieren. Im Inneren des Bahnhofs befand sich die eigentliche Hauptkontrolle. Dort mussten wir, wie von unseren Freunden beschrieben, die Pässe abgeben. Hier hatten wir weniger Angst, denn wir wussten, dass die Pässe echt waren. Nach einiger Zeit wurden unsere falschen Namen aufgerufen und wir bekamen die Pässe wieder ausgehändigt. Die Gesichtskontrolle war Gott sei Dank nur flüchtig, an dieser Stelle hat man sich hauptsächlich auf die Kontrolle der Echtheit der Pässe konzentriert.

Jetzt dachten wir, es sei alles überstanden, aber vor dem Aufgang zum Bahnsteig stand ein weiterer Kontrollposten. Hier bemerkte ich, dass wir noch keine Fahrkarten gelöst hatten, und fragte den Volkspolizisten, wo es diese gibt. Er zeigte mir den Weg zur Fahrkartenausgabe, und ich gab Edith meinen Pass und sagte zu ihr: „Gehe du schon vor, ich besorge schnell noch die Fahrkarten." Bis heute bin ich mir nicht im Klaren, ob wir durch das viele Hin und Her den Volkspolizisten von einer genauen Gesichtskontrolle abgelenkt haben oder ob er etwas bemerkt hat und uns als „letzte Instanz" bewusst laufen ließ. Als ich mit den Fahrkarten zurückkam, sagte er nur zweideutig: „Jetzt rennen sie mal tüchtig, ihre Frau ist schon oben auf dem Bahnsteig." Und ich rannte auch tatsächlich.

Auf dem Bahnsteig wurde ich schon sehnsüchtig von Edith erwartet. Der Zug nach Westberlin stand schon bereit und wir stiegen auch sofort ein. Bis zur Abfahrt verging noch einige Zeit. Auf dem Bahnsteig patrouillierten mehrere Volkspolizisten und die Minuten bis zur Abfahrt kamen uns wie eine Ewigkeit vor. Schließlich setzte sich der Zug in Bewegung und uns fielen zentnerschwere Steine vom Herzen.

In Westberlin angekommen ging unser erster Weg ins Studentenwohnheim. Hier wurden wir von unseren Freunden schon dringend erwartet. Allgemeine Freude und Erleichterung herrschte.

Auch für die Fluchthelfer war die ganze Aktion riskant und gefährlich. Wenn wir beim Grenzübertritt verhaftet worden wären und gegenüber der DDR-Stasi auf Druck Namen der Fluchthelfer genannt hätten, hätten diese nie wieder durch die DDR reisen können, auch nicht im Transitverkehr. Auch das Ehepaar aus Österreich, das die Pässe zur Verfügung gestellt hatte, wäre akut gefährdet gewesen.

Aber es war ja Gott sei Dank alles gut gegangen. Trotzdem habe ich noch monatelang nach der Flucht Angstträume gehabt. Noch vom Studentenwohnheim haben wir in Kleinmachnow angerufen, wo man sich natürlich auch schon Sorgen gemacht hatte. Mein Vater musste den Erstaunten und Empörten mimen, da man nie wusste, ob die Gespräche von der Stasi abgehört werden. Und offiziell durften unsere Angehörigen von unserem Fluchtvorhaben nichts wissen.

Noch am späten Abend besuchten wir gute Freunde in Steglitz, bei denen wir ein Teil unserer Sachen untergestellt hatten. Auch hier war die Überraschung und Freude groß. Wir packten Schlafanzüge und Unterwäsche ein und fuhren weiter zu unserer Nenntante Irene nach Friedenau. Sie war Witwe und bewohnte dort allein eine sehr schöne große 4-Zimmer-Altbauwohnung. Tante Irene bot uns sofort an, bei ihr zu wohnen. Wenn es nach ihr gegangen wäre, hätte dieser Zustand lange anhalten können. Jetzt am späten Abend bekamen wir richtigen Bärenhunger. Es wurde noch gegessen, auf das Wiedersehen angestoßen und ausgiebig vom Tagesablauf berichtet.

Am nächsten Tag meldete ich mich bei der Firma. Zu meiner großen Freude wurde gleich das einbehaltene Augustgehalt ausbezahlt. Wir vereinbarten, dass ich sofort nach Abschluss des Aufnahmeverfahrens und der Formalitäten wieder bei Conti Elektro anfangen sollte. Noch am gleichen Tag fuhren Edith und ich nach Marienfelde, wo sich die Aufnahmestelle für DDR-Flüchtlinge befand. Aufgrund des Lebenslaufes – im Westen zur Schule gegangen, im Westen studiert und in Westberlin gearbeitet – gab es für die deutschen Beamten überhaupt keine Bedenken hinsichtlich der Aufnahme.

Routinemäßig musste man dann noch zu den Geheimdiensten der drei Westalliierten. Bei den Briten und Franzosen verlief die Befragung reibungslos. Sie sahen sich kurz die Akten an und gratulierten uns dann zum Gelingen der Flucht. Bei den Amerikanern gab es jedoch Probleme. Zunächst wollte der US-Beamte von mir wissen, für welche Betriebe bzw. Standorte das GRW Angebote erstellt hat. Ich konnte und wollte ihm keine Auskünfte erteilen und erklärte, dass ich in der kurzen Zeit keinen Zugang zu vertraulichen Dingen gehabt hätte. Danach wollte er wissen, wie wir nach Westberlin gelangt sind.

Meine Antwort, dass uns mit Pässen aus Österreich, die uns Freunde besorgt hätten, die Flucht gelungen sei, genügte dem US-Beamten nicht. Er bestand darauf, dass wir die Namen der Fluchthelfer bekannt geben. Als ich mich weigerte, die Namen preiszugeben, wurde das Gespräch unangenehm. Auf seine Frage, weshalb ich die Namen nicht bekannt geben will, antwortete ich, dass ich ein diesbezügliches Versprechen abgegeben hätte. Außerdem seien in letzter Zeit in Ostberlin einige Fluchthelfer unter mysteriösen Umständen von der Stasi verhaftet worden, und es sei nicht auszuschließen, dass beim US-Geheimdienst ein Spitzel arbeiten würde. Jetzt wurde das Gespräch auch noch laut. Er erklärte, dass er seine Genehmigung verweigern würde.

Ich antwortete nun auch erregt: „So weit kommt es noch, dass wir uns als Deutsche im eigenen Vaterland nicht frei bewegen dürfen." Seine Antwort: „Ja so ist es, ihr seid nicht souverän." Das Gespräch endete ohne Ergebnis. Erst nachdem einige Tage später der Vater meines Freundes Karl Heinz und der Vater eines Schulfreundes für uns gebürgt hatten, gaben die Amis ihr O.K.

Damals hatte mein bis dahin positives US-Bild doch einige leichte Kratzer abbekommen, aber vielleicht lag das Geschehen auch nur an einer Einzelperson. Wenn ich heute die Situation in Afghanistan oder im Irak sehe und mich gleichzeitig an 1961 erinnere, dann denke ich jedoch, dass man sich auch als Sieger in manchen Fällen etwas diplomatischer verhalten sollte.

Die Weihnachtstage 1961 verlebten wir gemeinsam mit Tante Irene. Es war ein merkwürdiges Gefühl. Einerseits war man glücklich über die gelungene Flucht. Andererseits mussten wir das erste Weihnachtsfest ohne Eltern, Schwiegereltern, Geschwister und Freunde, die im Osten waren, verbringen.

Anfang 1962 habe ich dann meine Arbeit bei Conti Elektro wieder aufgenommen. Gleich zu Beginn informierte ich meinen Chef, dass wir nicht in Berlin bleiben wollen und erklärte mein Interesse an einer Tätigkeit im Zentralvertrieb in Düsseldorf. Mein Chef zeigte volles Verständnis und meinte: „Gebranntes Kind scheut das Feuer". Damals war die Verunsicherung in Westberlin deutlich zu spüren. Nach dem Mauerbau wusste man nicht, was sich die Sowjets als Nächstes einfallen lassen.

Die Westalliierten hatten zwar deutlich zu verstehen gegeben, dass sie auf ihren Rechten bestehen, aber eine gewisse Unsicherheit hinsichtlich der Zukunft Westberlins blieb dennoch. Gedrückt war die Stimmung auch, weil mit dem Mauerbau die Wiedervereinigung Deutschlands in weite Ferne gerückt schien.

Zeitgleich zu meiner internen Bewerbung hatte ich auch einige externe Bewerbungsschreiben verfasst. Als erste Firma meldete sich der Otto Versand. Ich wurde zum 15. Februar 1962 nach Hamburg eingeladen. Ich freute mich auf diesen Flug, denn in Hamburg konnte ich auch Onkel und Tante besuchen und bei ihnen übernachten.

Beim Bewerbungsgespräch wurden wir uns gleich handelseinig und Anfang März konnte ich beim Otto Versand anfangen.

7. Kapitel

Als ich am 16. Februar nach Berlin zurückfliegen wollte, tobte über Hamburg ein gewaltiger Orkan, der Auslöser war für das furchtbare Hochwasser in der Nacht zum 17. Februar. In Fuhlsbüttel wurden zahlreiche Landungen und Starts abgesagt. Ich telefonierte mit Edith und teilte ihr mit, dass ich einen Tag später zurückfliegen würde. Die Wohnung meines Onkels befand sich in der Nähe der Außenalster. In der Nacht herrschte auch noch ein gewaltiger Sturm und man hörte Polizei- und Feuerwehrsirenen. Am Morgen bemerkten wir, dass der Strom ausgefallen war, die Fernheizung funktionierte aber weiter. Das ganze Ausmaß der Katastrophe wurde jedoch erst klar, als wir mit Hilfe eines Batterieradios die Nachrichten hörten. An diesem Tag wurde ich etwas an die Nachkriegszeit erinnert. Man merkt in solchen Situationen wie wichtig für eine moderne Industriegesellschaft eine gesicherte Stromversorgung ist.

Anfang März 1962 haben wir zum Leidwesen von Tante Irene unsere Zelte in Berlin abgebrochen und sind mit einem Teil unserer Habseligkeiten nach Hamburg geflogen. Der Otto Versand hatte zugesagt, uns ein Appartement zu besorgen, aber in der Zwischenzeit war jeglicher freier Wohnraum vom Senat für die Flutopfer beschlagnahmt worden. So blieb uns nur das Wohnen im Hotel übrig. Die Firma zeigte sich zwar äußerst großzügig und übernahm die Übernachtungskosten, aber das Leben im Hotel ist doch sehr teuer und es war eine recht schwierige Zeit.

Wie die politische Stimmung im Frühjahr 62 in Hamburg war, kann man gar nicht so genau sagen. Alles wurde überdeckt durch die Folgen der Flutkatastrophe. Wir wohnten erst wenige Wochen in Hamburg, da meldete sich die Conti Elektro Zentralverwaltung und lud mich zu einem Gespräch ein. In der Conti Elektro mit damals ca. 12.500 Mitarbeitern waren die industriellen Interessen der deutschen Conti Gas zusammengefasst. Zum Konzern gehörten Traditionsfirmen wie Voigt & Haeffner in Frankfurt, Schorch-Werke in Rheydt, Askania in Berlin, Kabelwerk Vohwinkel in Wuppertal und einige kleinere Beteiligungen. Aus Düsseldorf hatte man sich bei mir erst so spät gemeldet, weil mein Berliner Chef meine Bewerbung mit erheblicher Verzögerung an die Zentralverwaltung weitergeleitet hat. Er beabsichtigte wahrscheinlich, dass ich noch einige Zeit in Berlin arbeiten sollte. Conti Elektro machte mir ein interessantes Angebot für den Zentralvertrieb und ich sagte zu.

Dabei war das Finanzielle gar nicht einmal ausschlaggebend. Die unterschiedliche Einschätzung beider Firmen gab den Ausschlag. Conti Elektro erschien mir als „gestandener" Konzern in einem zukunftsträchtigen Markt. Der Otto Versand war zur damaligen Zeit ein mittleres Handelsunternehmen in einem umkämpften Markt. Quelle und Neckermann waren damals erheblich größer.

Im Nachhinein muss man natürlich sagen, dass ich mit meiner Einschätzung total daneben lag. Conti Elektro wurde einige Jahre später von Siemens „geschluckt", während sich der Otto Versand im Laufe der Zeit zu einem Weltkonzern entwickelt hat. Allerdings bin ich über meine damalige Fehleinschätzung nie betrübt gewesen, es sollte eben so sein.

Ich kündigte also beim Otto Versand und trat am 1. Juli 1962 meine neue Stellung in Düsseldorf an. Im Rheinland herrschte im Sommer 1962 eine ausgesprochene Aufbruchstimmung, wie ich sie bereits aus den Praktika in Oberhausen und Düsseldorf kannte. Auch bei Conti Elektro waren die Weichen in Richtung Expansion gestellt. Allerdimgs wurde jetzt die Aufgabenteilung etwas verändert. Während es im den fünfziger Jahren hauptsächlich darum ging, möglichst viel zu produzieren (der Nachholbedarf war auf allen Sektoren enorm), mussten nun die Vertriebsaktivitäten gestärkt werden. Man hatte erkannt, dass die Märkte schwieriger werden würden. Meine Spezialisierung in Richtung Vertrieb und Absatzwirtschaft war nun von Vorteil.

Wir konnten bald auf der anderen Rheinseite in Düsseldorf-
Oberkassel eine schöne Wohnung beziehen, die von der Firma mit
einem verlorenen, hohen Baukostenzuschuss angemietet worden
war. Dadurch war die Miete durchaus erschwinglich, obwohl der
Wohnungsmarkt in den sechziger Jahren noch längst nicht ausgeglichen war.

Edith bekam eine interessante Anstellung bei den Jagenberg-
Werken (Verpackungsmaschinen) und als Doppelverdiener konnte
man die Wohnung recht schnell einrichten. Es ging wirtschaftlich
von Jahr zu Jahr bergauf.

1962 war für die meisten Rheinländer auch gesamtpolitisch die
Welt in Ordnung. Die „Ostzone" und die Mauer waren weit weg,
und wer nicht gerade Verwandte oder gute Freunde im Osten hatte, merkte von der deutschen Teilung herzlich wenig. Diese Stimmung spiegelte sich auch in den Bundestagswahlen wieder. Bei den
Wahlen 1961 nach dem Mauerbau hatte die CDU zwar ihre abso-
lute Mehrheit verloren, war jedoch weiterhin mit Abstand stärkste
politische Kraft. Die CDU musste eine Koalition mit der FDP eingehen. Adenauer blieb zunächst Bundeskanzler, musste jedoch zu-
gestehen, Mitte der Legislaturperiode sein Amt in jüngere Hände
zu geben.

Für Optimismus sorgte, dass Prof. Erhard, der Vater des Wirtschaftswunders, weiter Wirtschaftsminister blieb und alles darauf
hin deutete, dass er Nachfolger von Adenauer werden würde.

Hinsichtlich der Wiedervereinigung Deutschlands hatte die Ade-
nauersche Politik mit dem Mauerbau einen Dämpfer erhalten. Das
zeigte sich unter anderem an den Aktienkursen. Sie waren im August 1961 auf einem Höchststand angekommen, den sie lange Zeit
nicht wieder erreichten.

Für uns war die Teilung natürlich deutlich zu spüren. Unsere nahe Verwandtschaft und viele Freunde waren von uns abgeschnit-
ten. Erst 1965, als unsere Eltern ins Rentenalter kamen, durften sie
besuchsweise in den Westen fahren. Auch das war noch mit Komplikationen verbunden. Da wir „Republikflüchtige" waren, durften
unsere Verwandten die Ausreise nicht zu uns beantragen, sondern
mussten den Umweg über meinen Onkel in Hamburg wählen.

Zu dieser Zeit entwickelte sich meine abgrundtiefe Abneigung gegenüber der DDR. Es zeigte sich, dass das SED-Regime seine Bürger für lange Jahre einsperren würde. Im Herbst 1963 trat Adenauer als Bundeskanzler zurück und Ludwig Erhard wurde tatsächlich sein Nachfolger. Es war kein Geheimnis, dass Adenauer gerne einen anderen Nachfolger gehabt hätte. Vielleicht spürte er instinktiv, dass Erhard zu weich als Bundeskanzler sein würde. Aber CDU/CSU und auch die FDP wollten den äußerst populären Wirtschaftsminister als neuen Bundeskanzler und so wurde er mit den Stimmen dieser Parteien gewählt.

1965 hatten wir praktisch Vollbeschäftigung, die Arbeitslosenquote betrug 0,7 Prozent. Schon in den letzten Jahren als Wirtschaftsminister und jetzt auch als Bundeskanzler hat Prof. Erhard vor Übertreibungen und Überhitzung gewarnt. Immer wieder predigte er „Maß halten", aber die Warnungen wurden in den Wind geschlagen, oder man amüsierte sich über den komischen Wirtschaftsprofessor. In den Karikaturen erschien dann Erhard in bayrischer Tracht mit Maßkrug in der Hand unter dem Slogan „Maß halten".

Dabei waren seine Warnungen durchaus berechtigt. Die Wirtschaft schrie nach Arbeitskräften und seit Anfang der sechziger Jahre strömten jedes Jahr Hunderttausende ausländische Arbeitskräfte als Gastarbeiter in die Bundesrepublik. Deutsche Arbeitnehmer lehnten auch zunehmend einfache oder schwere Arbeit ab, die sollten gefälligst die Ausländer erledigen.

Schon damals wurden die Weichen in Richtung Arbeitslosigkeit gestellt, denn es gibt in jedem Volk auch Menschen, die für komplizierte und hochwertige Arbeiten einfach nicht geeignet sind. Die Wirtschaft argumentierte, für die Expansion und den Aufbau bräuchten wir diese ausländischen Arbeitskräfte. Es hätte allerdings auch nichts ausgemacht, wenn der Aufbau etwas länger gedauert hätte. So hat die Schweiz ihrer Wirtschaft nicht alle Wünsche erfüllt und eine erheblich bessere Einwanderungspolitik betrieben als Deutschland.

1966 hatten wir in Deutschland eine geringfügige wirtschaftliche Abschwächung. Wenn ich mich richtig erinnere, sollten im Staatshaushalt zusätzlich eine Milliarde Schulden gemacht werden, aus heutiger Sicht eine Kleinigkeit. Die FDP wollte diese Maßnahme jedoch nicht mittragen, verweigerte die Zustimmung und Ludwig Erhard trat als Bundeskanzler zurück. Wahrscheinlich hatte er auch nicht mehr die volle Rückendeckung der eigenen Partei. Adenauer, der alte Fuchs, sollte recht behalten. Ein guter und erfolgreicher Wirtschaftsminister muss nicht zwangsläufig auch ein guter und erfolgreicher Bundeskanzler sein. Danach begann die Zeit der großen Koalition zwischen CDU, CSU und SPD. Kurt Georg Kiesinger wurde Bundeskanzler und Willy Brandt Außenminister.

Zur Deutschen Conti Gas gehörte auch die Prometheus GmbH, die Hausgeräte herstellte. Diese Firma war nicht in die Conti Elektro integriert, wir hatten nur den Vertrieb übernommen. Mitte der sechziger Jahre wurde zu unserer Überraschung Prometheus von der Conti Gas an die amerikanische General Electric verkauft. Wahrscheinlich ein geschickter Schachzug, denn man signalisierte damit, dass man gute Kontakte zu den Amerikanern hat.

Kurze Zeit später verkaufte die Conti Gas die Aktienmehrheit der Conti Elektro an Siemens. Wirtschaftlich ging es der Conti Elektro zur damaligen Zeit gut, aber es wären erhebliche Investitionen erforderlich gewesen, um mit den großen Konzernen wie Siemens, AEG oder BBC mithalten zu können.

Wenn damals Firmen gekauft wurden, ging es dem Käufer hauptsächlich um die Fertigungskapazitäten und die Übernahme des eingearbeiteten Fachpersonals. Heutzutage will man in den meisten Fällen möglichst wenig Personal übernehmen und ist hauptsächlich am Marktanteil der gekauften Firma interessiert. So ändern sich die Zeiten hinsichtlich der Arbeitsmarktsituation.

Bei Conti Elektro änderte sich zunächst nicht viel. Die Position des Vorstandsvorsitzenden und einige wichtige Schlüsselpositionen wurden allerdings von Siemens-Managern besetzt. Einem dieser Manager wurde ich als Kenner der Conti Elektro zugeordnet. Die Zusammenarbeit mit den Siemens-Leuten verlief harmonisch, und der Konzern war weiterhin am Markt erfolgreich tätig. Die Deutsche Conti Gas, die wie Conti Elektro in Düsseldorf ansässig war, verkaufte schließlich auch die restlichen Aktien an Siemens. Conti Elektro war damit zu 100 Prozent in Siemens-Besitz.

Man wollte nun auch die räumliche Trennung von der Conti Gas, und 1967 wurde die Zentralverwaltung der Conti Elektro von Düsseldorf nach Frankfurt verlegt. Obwohl mir wieder eine Firmenwohnung angeboten wurde, die in einem schönen Gebiet von Offenbach lag, waren wir vom bevorstehenden Umzug wenig begeistert. Düsseldorf ist eine schöne Stadt, wir hatten uns gerade richtig eingelebt, Edith hatte eine interessante Arbeit gefunden und nun sollten wir in das wenig einladende Frankfurt beziehungsweise Offenbach umziehen. Aber was tut man nicht alles für die Karriere, schließlich sind wir Anfang 1967 doch umgezogen. Das Leben dort erwies sich angenehmer als zunächst angenommen. Frankfurt und Umgebung gewinnen an Reiz, wenn man dort länger wohnt.

Die Stadt war 1967/68 ein Zentrum der Studentenunruhen. Es fand sich die sogenannte 68er-Generation. Ein Motto lautete damals: „Traue keinem über 30!" Ich war 34 Jahre alt und konnte umgekehrt sagen, dass ich den Jüngelchen auf der Straße nicht traute. Manche Töne klangen wie Propaganda aus der DDR, und nach der Wiedervereinigung stellte sich heraus, dass die Stasi tatsächlich ihre Hände mit im Spiel gehabt hat.

Das ganze Unterfangen kam mir vor, wie eine Kampagne zur Destabilisierung der Bundesrepublik. Vor allen Dingen herrschte bei mir Unverständnis. Es waren nicht „die Studenten", die damals protestierten, sondern ein kleiner Teil der Studentenschaft. Sie behaupteten, die Bundesrepublik hätte „faschistoide Züge" angenommen und alte Nationalsozialisten wären in Amt und Würden. Das waren lächerliche Behauptungen, denn alle politischen Schlüsselfunktionen in Bund und Ländern waren durch gewählte Demokraten besetzt. Die große Koalition aus CDU/CSU und SPD war nun wirklich weit entfernt von nationalsozialistischen Umtrieben.

Dass sich alle Parteien für entnazifizierte ehemalige NSDAP-Mitglieder geöffnet hatten, fand ich richtig. Offiziell hieß es damals, wenn sich dieser Personenkreis am demokratischen Wiederaufbau des Landes beteiligen will, möchte man dies nicht verhindern. Diese Entscheidung der Parteien hatte auch zur Folge, dass sich niemals eine starke NSDAP-Nachfolgepartei etablieren konnte.

Der Protest richtete sich auch generell gegen die „Vätergeneration", der man die NS-Vergangenheit vorwarf. Ich selbst bin auf diese Idee nie gekommen, allerdings waren in meiner Familie auch keine NSDAP-Mitglieder. Zu Hause hatten wir schon über die Gründe gesprochen, die Hitler an die Macht brachten und hielten. Der verlorene 1. Weltkrieg, der Friedensvertrag von Versailles mit allen negativen Folgen, Hyperinflation und Weltwirtschaftskrise hatten große Teile des deutschen Volkes so „mürbe gemacht", dass sie für extremistische Parteien anfällig wurden.

Wenn sich eine Diktatur erst einmal etabliert hat, ist Widerstand gar nicht so einfach. Außerdem war der „Führer" bis weit in den zweiten Weltkrieg äußerst populär. Ein Krieg einigt fast immer die Nationen, deshalb war offener Widerstand während des Krieges kaum möglich. Nur ein Putsch, wie am 20. Juli 1944 versucht, hatte Aussicht auf Erfolg.

Sicher war die Kritik an einzelnen Vätern, die sich an Unrechthandlungen und Verbrechen während der NS-Zeit beteiligt hatten oder sich beteiligen mussten, berechtigt, aber generell zu sagen, die ganze NS-Diktatur wäre „uns" nicht passiert, empfand ich als arrogant. Ich fand es anmaßend, wie die jungen Leute, die nie eine Diktatur kennen gelernt hatten, jetzt den „Gutmenschen" herausstellten.

Viel problematischer als die Vergangenheitsdiskussion waren für mich die Parolen oder Schlagworte, die damals auftauchten. Die Geisteshaltung, die sich in dieser Zeit bildete, hat einen Teil der jungen Generation und später auch deren Kinder infiziert. Die negativen Auswirkungen sehen wir heute. Zum Beispiel hieß es damals „Gewalt gegen Sachen ist erlaubt." Heute gibt es in Berlin kaum einen S-Bahn-Zug, bei dem nicht alle Scheiben zerkratzt sind. Die sogenannten Graffiti sind nur in wenigen Fällen als Kunst anzusehen, meist sind es nur Schmierereien, Sachbeschädigung. Früher sagte man dazu: „Narrenhände beschmieren Tisch und Wände."

Fleiß, Zuverlässigkeit, Leistungsbereitschaft und Disziplin waren plötzlich in diesen Kreisen Sekundärtugenden. Als großes Ziel wurde die Selbstverwirklichung genannt. Das Ergebnis dieser Geisteshaltung ist in vielen Fällen Egoismus und Inkompetenz.

Die entsprechenden Typen sind heute leider in allen Bevölkerungsschichten und Berufsgruppen anzutreffen. Am „Neuen Markt" haben diese Egoisten kräftig abkassiert und unzählige Kleinanleger gewaltig geschädigt. Aber auch bei renommierten Wirtschaftsunternehmen gab und gibt es Vorstandsmitglieder, die sich ohne zählbare Leistung und Erfolge die eigenen Taschen voll stopfen. Da gibt es doch Manager, die nur dafür, dass sie das ihnen anvertraute Unternehmen verscherbeln, viele Millionen Euro einstreichen. Selbstdarstellung und mangelnde Disziplin kann man Bankmanagern nachsagen, die die Kreditwürdigkeit ihrer Kunden auf dem „Wochenmarkt" diskutieren. Ein kleiner Bankangestellter wäre für eine solche Tat sofort entlassen worden.

Unter schwachen und inkompetenten Vorgesetzten entwickeln sich oftmals auch entsprechende Mitarbeiter. So wechseln einige Bank-Analysten ziemlich oft ihre Meinung. Vor kurzem las ich eine Analyse über die MAN AG. Darin hieß es sinngemäß, „die Zahlen sind zwar gut, aber wir können die Aktien des Unternehmens nicht empfehlen, uns fehlt eine gute Story". Dieser Analyst glaubt also einem guten Märchenerzähler mehr als den wirtschaftlichen Fakten.

Selbstverwirklichung im negativen Sinne muss nicht immer mit persönlicher Bereicherung einhergehen. Manager können durch spektakuläre Firmenkäufe im Rampenlicht stehen. Wenn sich dann aber die Übernahme als Flop erweist, ist der Schaden für das eigene Unternehmen meist viel größer als bei einer persönlichen Bereicherung. Zur Selbstdarstellung kann man sich auch ein Denkmal setzen lassen. Als Automobilboss lasse ich dann mit Milliardenaufwand ein phantastisches Automobil bauen, das allerdings nie einen Gewinnbeitrag für das Unternehmen leisten wird.

Bundestagspräsident Thierse hat also durchaus Recht, wenn er mehr Pflichtbewusstsein und Verantwortungsgefühl einfordert. Er sollte seinen Appell jedoch nicht generell an die deutsche Wirtschaftselite richten, sondern gezielt an die Egoisten. Die große Mehrheit der deutschen Unternehmer und Manager erfüllt meines Erachtens seine Aufgaben effektiv, erfolgreich und pflichtbewusst. Es geht darum, den Einfluss der egoistischen Scharlatane zurückzudrängen. Diese aufgeblasenen Affen können natürlich großen

Schaden anrichten. Im Übrigen gilt auch für den Bundestagspräsidenten das Prinzip des Glashauses. Friedrich der Große hat einmal gesagt „ich bin der erste Diener meines Staates". Bei einigen Politikern und Beamten hat man heute den Eindruck, dass sie „dienen" und „sich bedienen" verwechseln. Die egoistischen Typen trifft man auch im öffentlichen Dienst und im Staatswesen an. Wenn man die Berichte der Rechnungshöfe betrachtet, erkennt man, dass es auch beim Staat Verschwendung und Fehlinvestitionen gibt. Schwarze Schafe trifft man überall an.

Doch nicht nur am „Neuen Markt" wurde betrogen, auch der Staat hat die Aktionäre enorm übervorteilt. Noch unter der Kohl-Regierung erfolgte 1996 die erste Teilprivatisierung der Telekom. Die Aktien der ersten Tranche wurden zu umgerechnet 14,57 Euro angeboten. Die Aktien der zweiten Tranche wurden von der rot-grünen Regierung 1999 zu 39,50 Euro verkauft.

Ich sagte damals zu meiner Frau: „Auf keinen Fall kaufe ich Telekom Aktien, wenn der erste Ausgabepreis einigermaßen richtig ermittelt wurde, kann der zweite Preis unmöglich stimmen." Ein Unternehmen wie die Telekom kann in einer so kurzen Zeitspanne eine Wertsteigerung von 170 Prozent nicht erzielen. Aber es kam noch schlimmer. Am 19. Juni 2000 erfolgte die Emission der dritten Tranche zum Preis von 66,50 Euro, und zur Krönung musste die Telekom kurze Zeit später einen hohen Milliardenbetrag an den Finanzminister für die UMTS-Lizenzen zahlen.

Heute kostet die Telekom Aktie ungefähr so viel wie der erste Ausgabepreis. Durch das ungenierte Abzocken ist die Aktien-Kultur in Deutschland schwer beschädigt worden.

Künstler oder Spitzensportler, die in Deutschland gutes Geld verdienen, aber im Ausland geringe Steuern zahlen, sind ebenso Egoisten und treiben persönliche Bereicherung. Nicht besser sind die Typen, die sagen: „Warum soll ich eine feste Beschäftigung annehmen, mit Staatsknete und Schwarzarbeit fahre ich doch viel besser!"

Die Beispiele für Egoismus ließen sich beliebig verlängern. Durch Egoismus entstehen nicht nur wirtschaftliche Schäden, viel gravierender ist es, dass durch einzelne ganze Berufsgruppen in

Misskredit gebracht werden. Es gilt auch weiter das Sprichwort: „Schlechte Beispiele verderben gute Sitten." Die gereizte Stimmung zwischen Ost und West ist teilweise auch auf den Egoismus zurückzuführen. Die Ostdeutschen kannten die smarten Typen aus dem Westen nicht, die sie manchmal „über den Tisch gezogen haben". Prompt gerieten aber auch viele brave Aufbauhelfer, die mit Begeisterung ihren Dienst versehen haben, in Misskredit.

Abschließend sei gesagt, dass einige Ostdeutsche aber sehr schnell dazugelernt haben. Es gibt jetzt auch ostdeutsche Egoisten, die viel brutaler sind als die Spezies aus dem Westen. Jetzt Anfang des 21. Jahrhunderts ist das Jammern groß. Deutschland ist im internationalen Wettbewerb zurückgefallen.

Dagegen hilft nur eine Rückkehr zu alten „preußischen Tugenden" wie Fleiß, Zuverlässigkeit, Leistungsbereitschaft und Disziplin. Wir Deutsche sind hinsichtlich Egoismus und Eigennutz von einem Extrem ins andere gefallen. Unter den Nationalsozialisten hieß es „für Führer, Volk und Vaterland, Gemeinnutz geht vor Eigennutz". Eine Aussage, die in dieser krassen Form sicherlich verhängnisvoll war, aber der Umkehrschluss „Eigennutz geht vor Gemeinnutz" ist auch sehr problematisch. Es muss eine vernünftige Balance gefunden werden.

8. Kapitel

Welche Errungenschaften brachte die Achtundsechziger-Bewegung noch? Da ist zunächst die antiautoritäre Erziehung zu vermelden. Auch hier sind wir als „gute Deutsche" von einem Extrem ins andere gefallen. Eine zu autoritäre Erziehung fördert nicht die Kreativität und erhöht die Gefahr von Duckmäusertum und Unselbständigkeit. Die total antiautoritäre Erziehung, die in vielen Fällen in „keine Erziehung" endet, führt jedoch direkt zu den heutigen Ergebnissen der PISA-Studien. Bei den PISA-Ergebnissen spielen natürlich auch andere Faktoren eine erhebliche Rolle. So gibt es Schulen bzw. Klassen mit sehr vielen Ausländerkindern, die oftmals durch mangelnde Sprachkenntnisse schlecht auf den Schulbesuch vorbereitet sind. Auch ideologische Gründe sind vorhanden. Aus „christlicher Nächstenliebe" oder „sozialistischer Gleichmacherei" nehmen viele Lehrer im Unterricht auf den letzten „Fußkranken" Rücksicht. Die Förderung von Eliten war in Deutschland lange suspekt.

Auswirkungen hat die Achtundsechziger-Geisteshaltung auch auf das allgemeine Zusammenleben der Menschen. Ich will hier nicht höfischer Etikette das Wort reden, aber im Bürgertum haben sich über lange Zeit bestimmte Regeln und Umgangsformen entwickelt, die das Leben untereinander und miteinander leichter und angenehmer machen. Wenn man im Rahmen der Selbstverwirklichung nach dem Motto „Hauptsache mir gefällt es, Hauptsache für mich ist es bequem und angenehm, Hauptsache mir geht es gut!" diese Regeln außer Kraft setzt, macht man seinen Mitmenschen das Leben nicht einfacher.

Da gibt es Leute, die gehen wie die Penner ins Theater oder in die Oper. Vor kurzem hatte ich ein Erlebnis, das schon fast bühnenreif war. Ein junger Mann, der gar nicht unsympathisch aussah, saß mir schräg gegenüber in der S-Bahn und hatte vier Sitzplätze belegt. Auf einem Platz saß er, auf dem gegenüberliegenden Platz hatte er seine Füße deponiert, daneben einen großen Rucksack und neben sich eine Tasche. Zunächst war die S-Bahn noch leer und es störte niemanden, dass er vier Sitzplätze beanspruchte. Von Station zu Station wurde die S-Bahn voller und bald mussten einige ältere Frauen und Männer stehen. Das veranlasste den Burschen aber nicht, etwas Platz zu machen.

Ich überlegte gerade, ob man ihn nicht höflich ansprechen sollte und bitten, etwas zusammenzurücken, da betrat ein anderer junger Mann den Zug und steuerte zielstrebig auf die mit Gepäck belegten Plätze zu. Er sagte kein Wort, nahm nur den Rucksack und warf ihn einfach auf den Fußboden.

Der andere sagte auch kein Wort, schien aber verstanden zu haben und nahm sogar seine Füße vom gegenüberliegenden Sitz. Eine Frau, die neben mir saß, lächelte und sagte leise zu mir: „Ein Benehmen wie die Axt im Walde."

Es gab schon immer ungehobelte Leute, aber diese Typen haben zugenommen. Vor allen Dingen im Ausland wird den Deutschen oder besser gesagt etlichen Deutschen mangelndes Benehmen vorgeworfen. Man kann nur hoffen, dass künftige Generationen wieder kultivierter auftreten.

Wie oben erwähnt, regierte in den turbulenten späten 60er Jahren eine große Koalition aus CDU/CSU und SPD. Vielen Menschen war das sogar recht, denn man war froh, bei den zahlreichen Demonstrationen und Unruhen eine starke und handlungsfähige Regierung zu haben, die sich auf eine breite parlamentarische Mehrheit stützen konnte. Wenn heute teilweise abwertend über die große Koalition gesprochen wird, dann trifft das nicht die tatsächlichen Zustände. Die große Koalition war besser als ihr Ruf. Kiesinger fungierte als kompetenter Bundeskanzler, Brandt konnte als Außenminister das Verhältnis zum Osten lockern, Karl Schiller und Franz Josef Strauß hielten als Wirtschafts- und Finanzminister die Wirtschaft und die Staatsfinanzen weitgehend in Ordnung.

Ferner konnten eine Reihe von sinnvollen Gesetzen beschlossen werden, für die es vorher keine ausreichenden Mehrheiten gegeben hatte.

Anfang 1969 trat ich in die CDU ein. Ich wollte mir später nicht vorwerfen lassen, untätig gewesen zu sein, wenn Extremisten die Demokratie gefährdeten. Am 28. September 1969, einem Tag vor meinem Geburtstag, war wieder eine Bundestagswahl. In Offenbach war ich als Wahlhelfer eingeteilt. Beim Auszählen der Stimmen hörten wir nebenbei auch die Wahlsondersendungen im Rundfunk mit ersten Prognosen und Hochrechnungen. Als ich gegen 21 Uhr nach Hause kam, meinte ich noch gegenüber meiner Frau, dass es nach einer Fortsetzung der großen Koalition aussehen würde. Dann kam aber doch die große Sensation.

Am späten Abend stellte sich heraus, dass CDU/CSU zwar mit Abstand wieder stärkste Parteien geworden waren, aber SPD und FDP gemeinsam hatten eine hauchdünne Mehrheit. Frei nach dem Motto von Adenauer „Mehrheit ist Mehrheit" verkündete Willy Brandt am späten Abend das Zustandekommen der SPD/FDP-Koalition. Das war ein gewaltiger Einschnitt in der politischen Nachkriegsgeschichte, denn die bis dahin führende politische Kraft war nun in der Opposition.

Bei Conti Elektro verlief das Geschäft 1967/68 in relativ normalen Bahnen. Das Problem war nur, dass viele Artikel, die Conti Elektro herstellte, auch von Siemens produziert wurden, wobei Siemens natürlich eine noch viel breitere Produktpalette besaß. Die beiden Firmen ergänzten sich nicht, und ich vermute, Siemens hat Conti Elektro nicht gekauft, weil man die Firma unbedingt haben wollte, sondern hauptsächlich, damit 12.000 Arbeitskräfte und das entsprechende Fachwissen nicht in falsche Hände fallen.

Mitte 1969 wurde dann der Beschluss gefasst, eine Reihe von Conti Elektro Werken in den Siemens-Konzern zu integrieren und andere Werke in die Selbständigkeit zu entlassen. Die Zentralverwaltung, der Zentralvertrieb und die Vertriebsbüros der Conti Elektro waren damit überflüssig. Auch ich war somit ein frühes Fusionsopfer, musste aber anerkennen, dass die Entscheidung vernünftig war. Man bot mir an, in einem der Conti Elektro Werke tätig zu sein. Ich hatte die Entwicklung jedoch vorausgesehen und mich rechtzeitig auch extern beworben. So lag mir eine Zusage vom Volkswagenwerk in Wolfsburg vor. Obwohl man nach zehnjähriger guter Zusammenarbeit nicht leichten Herzens die Firma wechselt, habe ich unter den besonderen Gegebenheiten doch das Angebot von VW angenommen. Am 1. Oktober begann mein Dienst bei VW. Als ich am Vormittag in Wolfsburg ankam, wurde gerade ein hoher ausländischer Staatsgast empfangen und das VW-Orchester spielte zur Begrüßung. Gegenüber dem VW-Personalsachbearbeiter lästerte ich noch: „Recht herzlichen Dank für diesen Empfang mit Blasmusik, aber das wäre doch nicht nötig gewesen." Rein äußerlich war bei VW alles vom feinsten. Conti Elektro war zwar auch ein ordentliches und solides Unternehmen, aber die VW-Büros, die Kantinen und Casinos und das gesamte Erscheinungsbild waren doch ein bis zwei Klassen nobler.

In den fünfziger und sechziger Jahren hatte man hauptsächlich mit dem Käfer sehr gute Gewinne eingefahren. Sogar in den USA war der Käfer eine Art Kultauto geworden. Wenn man als Automobilhersteller das Glück hat, ein Modell über mehrere Jahrzehnte erfolgreich herstellen und verkaufen zu können, ist das für die finanzielle Situation sehr vorteilhaft. Man spart Entwicklungskosten und erhebliche Investitionen. Dementsprechend waren 1969 bei VW die Eigenkapitalausstattung und die finanzielle Lage ausgezeichnet.

Im Privatleben waren die ersten Monate in Wolfsburg weniger angenehm. Ich wohnte zunächst in einem VW-Gästeheim. Am Freitagabend startete ich, oft bei typischem Herbstschmuddelwetter, in Richtung Offenbach, und Sonntag am frühen Nachmittag war bereits wieder die Rückfahrt fällig. Auch bei VW hätte ich wieder eine Werkswohnung bekommen können, aber das gesamte Wohnumfeld in Wolfsburg sagte mir nicht besonders zu.

Wochen zuvor hatten wir anlässlich eines Bewerbungsgespräches bei VW auch Braunschweig besichtigt und diese Stadt hat Edith und mir sofort gefallen. Also suchte ich dort eine Wohnung und wurde auch bald fündig. Es handelte sich um eine Altbauwohnung direkt an der Oker mit herrlichem Blick auf das Wendenwehr und

den Gaußberg. Die Wohnung hatte einen richtigen alten Winter-
garten, den wir später oft benutzten. Allerdings waren bis zum Vertragsabschluss mehrere Gespräche erforderlich. Man musste sich erst etwas genauer kennen lernen. Zum letzten Gespräch kam auch Edith nach Braunschweig und wir übernachteten im Gästezimmer des Hauses. Die Wohnung lag in der ersten Etage und im Parterre wohnten die Vermieter, ein älteres Ehepaar mit dienstbarem Geist. Es stellte sich heraus, dass es dem Vermieter in erster Linie darum ging, einen ordentlichen und sympathischen Mieter im Hause zu haben, das finanzielle war zweitrangig. Entsprechend günstig war dann auch die Miete.

Besonders angenehm war, dass wir das Gästezimmer im Dachge-
schoß mitbenutzen durften. In dieser Zeit hatten wir mindestens acht Wochen pro Jahr Besuch im Hause. Die Ostrentner durften pro Jahr für vier Wochen eine Reise in den Westen beantragen und diese Zeit wurde auch ausgenutzt. So hatten wir regelmäßig vier Wochen lang Besuch von meinen Eltern und vier Wochen von meiner Schwiegermutter. Zu Beginn der Ausreiseregelung mussten die vier Wochen in einem Stück genommen werden. Später war die DDR so „großzügig" und gestattete die mehrmalige Ausreise.

Genau wie Düsseldorf und Frankfurt/Offenbach war für unsere Besucher Braunschweig natürlich interessanter als Wolfsburg. Der einzige Nachteil des Wohnsitzes Braunschweig war die tägliche Fahrt von zweimal 25 Kilometern nach Wolfsburg, aber auch das empfand ich nur an wenigen Herbst- oder Wintertagen als besondere Belastung.

Im Dezember 1969 sind wir von Offenbach nach Braunschweig umgezogen. Kurze Zeit vorher hatte sich die neue SPD/FDP-Re-
gierung gebildet. Willy Brandt wurde Bundeskanzler und Walter Scheel Außenminister. Mit Prof. Karl Schiller und Alex Möller be-
setzten anerkannte Fachleute das Wirtschafts- und Finanzministe-
rium. Im linken Lager herrschte ausgesprochene Begeisterung und Aufbruchstimmung, aber auch in breiten Schichten des konserva-
tiven Lagers empfand man den SPD/FDP-Sieg nicht als nationale Katastrophe. Natürlich waren die CDU/CSU-Politiker über die Wahlniederlage enttäuscht und niedergeschlagen, aber man war am

Wahlausgang nicht völlig unschuldig, denn zuvor herrschte bezüglich der Ost- und Deutschlandpolitik ziemliche Unbeweglichkeit. Das sollte sich nun schlagartig ändern. Mit Nachdruck betrieb Brandt die Aussöhnung mit der Sowjetunion, Polen und den übrigen östlichen Nachbarn. Es wurden Verträge abgeschlossen, die die Unverletzlichkeit der Oder-Neiße-Grenze garantierten und im Gegenzug den Status Westberlins einschließlich freier Zugangswege bestätigten. Mit der DDR wurde das Transitabkommen abgeschlossen. Es regelte den Zugang von und nach Berlin und schuf auch innerdeutsche Reiseerleichterungen. Von diesem Abkommen haben auch wir profitiert.

Zum Weihnachtsfest 1971 durften wir erstmals nach zehn Jahren wieder unsere Verwandten und Freunde in der DDR besuchen. Mit unseren Eltern hatten wir uns zwischenzeitlich regelmäßig getroffen, aber der Kontakt zu Geschwistern und Freunden war zehn Jahre lang unterbrochen. Unsere zwischenzeitlich geborenen Nichten kannten uns nur von Erzählungen und durch die Westpakete.

Die Einreiseprozedur war recht kompliziert, aber man war schon froh, dass es jetzt die Möglichkeit überhaupt gab. Die Ostverwandten mussten sechs bis acht Wochen vor der geplanten Reise bei der Volkspolizei einen Besuchsantrag stellen, und die Besuchsgenehmigung wurde dann per Post in den Westen geschickt.

So erreichten uns im Dezember 1971 die Einreisepapiere. Natürlich hatten wir vor der ersten Reise in die DDR ein ungutes Gefühl. Wir waren Republikflüchtige, und man wusste nicht, wie die DDR-Organe reagieren würden. Mein Freund Karl Heinz war wütend wegen unseres Leichtsinns und sagte: „Ein zweites Mal holen wir euch nicht raus!"

Derart verunsichert erkundigte ich mich beim Ministerium für gesamtdeutsche Fragen über den Sachverhalt. Die Antwort des Ministeriums lautete, dass wir unbesorgt in die DDR fahren dürfen, wenn wir eine Besuchsgenehmigung erhalten hätten. Sollte gegen uns in der DDR noch etwas vorliegen, würden wir keine Einreisegenehmigung erhalten.

Der Besuch wurde in den ersten Jahren nur per Bahn erlaubt. Kurz vor Weihnachten saßen wir dann im Zug von Braunschweig nach Potsdam. Je näher wir an die Grenze kamen, desto mehr

Nervosität stellte sich ein, und wir hatten, trotz aller Zusicherungen, beim ersten Grenzübertritt ein verdammt flaues Gefühl in der Magengegend. Die Pass- und Gepäckkontrolle verlief dann aber korrekt und ohne Komplikationen. Alle Geschenke und Mitbringsel hatten wir auf den entsprechenden Formularen ordnungsgemäß angegeben und es gab auch keine Beanstandungen.

Zwei Damen in unserem Abteil mussten ihre Rätselzeitschriften abgeben, die sie offen liegengelassen hatten. Ihr Einwand: „Aber es sind doch nur Rätselzeitschriften!" half nicht. Die Antwort vom Ostzoll war nur: „Die Einfuhr von Zeitschriften ist verboten!"

Meine Mutter holte uns in Potsdam Hauptbahnhof ab. Mit der Straßenbahn ging es in die Innenstadt und danach mit dem Bus nach Kleinmachnow.

Der erste Eindruck von Potsdam nach zehn Jahren war ziemlich deprimierend. Auf der Fahrt in die Innenstadt sah man spärlich beleuchtete Läden, kaum Lichtreklame, und alles kam uns dunkel und grau vor. In Potsdam stank es nach Trabi und Braunkohlenheizung. Früher, als wir noch in der DDR wohnten, war uns das alles gar nicht so aufgefallen. Gott sei Dank sah es in Kleinmachnow noch sehr ordentlich aus, und die Wiedersehensfreude war groß.

Danach sind wir jedes Jahr vier- oder fünfmal in die DDR gefahren. Zunächst war die Einreise weiter nur per Bahn gestattet. Nach Kleinmachnow fuhren wir dann meistens mit dem Auto im Transitverkehr nach Westberlin, stellten den Wagen in Wannsee vor meiner alten Schule ab und benutzten dann den BVG-Bus in Richtung Potsdam-Drewitz. So war es auch noch bei unserer Anreise im Mai 1973 zur Beerdigung meines Vaters. Bei Reisen nach Dessau mussten wir weiterhin die Bahn benutzen.

Die Wirtschafts- und Finanzpolitik der neuen SPD/FDP-Regierung war weit weniger erfolgreich als die Außenpolitik. Aus der SPD kam damals die Forderung, dass sich die Lebensverhältnisse breiter Bevölkerungsschichten schnell weiter verbessern sollten, und es kam der Slogan auf, „Wir wollen die Belastbarkeit der deutschen Wirtschaft testen."

Die Gewerkschaften ließen sich das natürlich nicht zweimal sagen, und so wurden Anfang der siebziger Jahre enorme Einkommenserhöhungen durchgedrückt. Besonders problematisch war, dass für die unteren Lohngruppen durch feste Sockelbeträge überproportionale Erhöhungen vereinbart wurden.

Ich kann mich noch erinnern, dass wir damals große Sorgen hinsichtlich der Kostenentwicklung hatten. Die Kostenerhöhungen ließen sich nicht voll in Preiserhöhungen weitergeben und demzufolge musste eine Rationalisierungswelle einsetzen. Gerade die einfachen Tätigkeiten, die überproportional teuer geworden waren, lassen sich besonders leicht wegrationalisieren. Damals entstand meine Abneigung gegen einige Gewerkschaften. Es ist ein himmelweiter Unterschied, das Gute und das Richtige zu wollen und das Gute und das Richtige zu erreichen. Man erkennt an diesem Beispiel auch, wie schwierig es ist, die Belastbarkeit von Unternehmen zu testen. Die Betriebe melden nicht gleich Konkurs an, sondern sind gezwungen, zu rationalisieren und bauen Arbeitsplätze ab.

Besonders hervorgetan hinsichtlich übermäßiger Einkommensforderungen hat sich in den siebziger Jahren die Gewerkschaft öffentliche Dienste, Transport und Verkehr (ÖTV). Ihr Vorsitzender Kluncker brachte mit seinen übertriebenen Forderungen auch die befreundete Regierung Brandt in Schwierigkeiten. Die Regierung ließ sich erpressen und es begann die Zeit der hohen Staatsverschuldung.

Unabhängig von meinen Erfahrungen bei VW kann man folgende Aussage treffen: Ein Vorstandsvorsitzender eines Unternehmens kann alles richtig machen – wenn er von seinem Vorgänger „schwere Hypotheken" übernehmen musste, dauert es oft Jahre bis die richtigen Entscheidungen wirksam werden. Der Nachfolger dieses Vorstandsvorsitzenden, der alles richtig gemacht hat, kann eine Krampe sein – er wird dennoch von der Öffentlichkeit zunächst gefeiert, da er die Erfolge seines Vorgängers ernten kann.

Deshalb der Rat an alle Analysten und Wirtschaftsjournalisten genau hinzuschauen, bevor man eine Person hochjubelt oder verdammt.

Bei der Beurteilung von Unternehmen und ihrer Führungsmannschaft spielen auch Modetrends oftmals eine Rolle. In den siebziger Jahren war bei Analysten, Unternehmensberatern und Wirtschaftsjournalisten „Diversifikation" der große Hit. Unternehmen sollten in möglichst vielen Sektoren tätig sein, um die Risiken breit zu streuen. Das kann in zahlreichen Fällen durchaus richtig sein, man übersah aber damals weitgehend die Gefahr einer Zersplitterung der Unternehmenskräfte.

Heutzutage ist nun eine ganz andere These groß in Mode. Konzentration auf das Kerngeschäft, Konzentration auf die Kernkompetenzen ist angesagt. Diese Aussage ist in vielen Fällen sicherlich auch richtig, und es ist für ein Unternehmen äußerst gefährlich, wenn starke Unternehmensteile schwache Unternehmensteile auf Dauer subventionieren müssen.

Wenn aber heute Analysten zum Beispiel behaupten, die Aktien von MAN müssen mit einem Konglomeratsabschlag gehandelt werden, nur weil das Unternehmen auf mehreren Sektoren tätig ist, liegt wieder eine Übertreibung vor. Wenn ein Unternehmen auf mehreren Sektoren eine führende Stellung einnimmt und diese auch verteidigen bzw. ausbauen kann, ist das bestimmt kein Nachteil. Bestes Beispiel ist der US-Konzern General Electric.

Bei Anlageentscheidungen sollte man Modetrends zwar beachten, aber nicht überbewerten. Langfristig setzen sich doch die Fakten durch.

9. Kapitel

Anfang der siebziger Jahre war das Land politisch ziemlich gespalten. Die CDU/CSU-Opposition befürchtete durch die neue Ostpolitik einen Ausverkauf deutscher Interessen und durch die Anerkennung der DDR Probleme hinsichtlich einer Wiedervereinigung Deutschlands. Im April 1972 brachte die CDU/CSU im Bundestag ein konstruktives Misstrauensvotum ein, um Kanzler Brandt zu stürzen und Rainer Barzel zu seinem Nachfolger zu wählen. Doch der Antrag scheiterte. Zwei Abgeordnete aus den eigenen Reihen müssen Barzel die Stimmen verweigert haben. Man munkelte damals gleich, dass die Stasi die Hände mit im Spiel gehabt hätte. Doch erst viele Jahre später bestätigte die Birthler-Behörde nach Auswertung der „Rosenholz"-Datei, daß zwei Unionsabgeordnete vom DDR-Geheimdienst tatsächlich je 50.000 Mark erhalten hatten.

Brandt hatte aber erkannt, dass er kaum noch eine regierungsfähige Mehrheit im Parlament besaß und trat im Herbst 1972 von sich aus zurück, um den Weg für Neuwahlen frei zu machen.

Vor dieser Wahl fragte mich Edith: „Was soll man denn diesmal wählen?" Ich antwortete sinngemäß: „Ich bin mir auch noch nicht im klaren. Die Wirtschafts- und Finanzpolitik der Regierung gefällt mir überhaupt nicht. Andererseits muss man der Außen- und Deutschlandpolitik Anerkennung zollen. Wir haben persönlich daraus Nutzen gezogen und konnten unsere Verwandten und Freunde im Osten besuchen. Vielleicht wähle ich auch FDP. Dann unterstützt man die neue Ostpolitik und bremst vielleicht allzu sozialistische Experimente". So wie wir müssen viele Deutsche damals gedacht haben, denn bei der Bundestagswahl im Herbst 1972 errangen SPD/FDP zusammen eine deutliche Mehrheit und konnten ihre Politik ungehindert fortsetzen. Im Jahr 1973 war ich 39 Jahre alt und überlegte, ob ich bei VW bis zum Rentenalter arbeiten sollte. So richtig hundertprozentig wohl, wie bei Conti Elektro, fühlte ich mich bei VW nicht. Also beschloss ich, gezielt diverse Bewerbungen zu starten.

Unter anderem hatte ich mich bei einer Firma Starcke in Melle beworben, und im Sommer 1973 kam es zu einem ersten Vorstellungsgespräch. Melle war mir kein Begriff, und so musste ich die Stadt erst im Autoatlas suchen. Ich fand sie direkt an der A30 zwischen Osnabrück und Bielefeld. Meine Mutter war damals gerade zu Besuch und so machten wir uns zu Dritt auf den Weg von Braunschweig nach Melle. Während ich das Gespräch führte, erkundeten die Frauen die Stadt.

Meine Mutter war ganz begeistert und meinte: „Ein richtiges hübsches Städtchen mit herrlicher Umgebung!" Bei Edith war die Begeisterung weniger ausgeprägt. In Melle konnte man alle Dinge des täglichen Bedarfs einkaufen, und das Warenangebot war gut, aber man konnte nicht übersehen, dass die Stadt eine Kleinstadt ist. Ich beruhigte Edith mit dem Hinweis, dass wir uns anlässlich des nächsten Besuchs in Melle Osnabrück ansehen würden, was wir später auch tatsächlich taten.

Über die Firma Starcke erfuhr ich beim Vorstellungsgespräch natürlich auch viele Fakten. Die Firma, gegründet im Jahr 1829, ist ein selbständiges mittelständisches Familienunternehmen, produziert in erster Linie Hochleistungs-Schleifpapiere und -Gewebe und zählt zu den Bedeutenden der Branche. Daneben produzierte man damals noch Putz- und Pflegemittel, wie etwa Schuhcreme, und es gab die Starcke Zündholz-Fabrik, in der neben Zündhölzern auch Federwellen für Rollos hergestellt wurden.

Nach einem weiteren Gespräch fand im Spätsommer die Abschlussbesprechung statt, in der die letzten noch offenen Vertragspunkte geklärt wurden. Auf meinen Wunsch wurden mir auch die Fertigungsstätten gezeigt, und anschließend wurden Edith und ich zum Mittagessen in den Heimathof eingeladen. Beiläufig erwähnte ich beim Essen, dass wir uns am Morgen noch in der Innenstadt das alte Stammwerk von außen angesehen hätten und dass mir dort eine Inschrift im Torbogen besonders gefallen hat. Sie lautet: „Ehret das Alte, waget das Neue."

Ich meinte, dieses Motto könnte für jeden fortschrittlich denkenden Konservativen gelten. Man bestätigte mir, dass dies praktisch auch der Leitgedanke der Firma wäre. Natürlich wusste ich damals noch nicht, dass ich die nächsten 26 Jahre für die Fa. Starcke arbeiten würde, aber ich hatte schon das Gefühl, den richtigen Partner gefunden zu haben.

Am 2. Januar 1974 begann ich meine Tätigkeit als Vertriebsleiter bei der Firma Starcke. Bald bemerkte ich, dass es sich um eine sehr interessante Aufgabe handelt. Schleifmittel auf Unterlagen, wie Schleifpapiere und Schleifgewebe offiziell genannt werden, finden überall dort Anwendung, wo feine, glatte Oberflächen verlangt werden. Geschliffen werden Holz, Metall, Lack-Farben-Spachtel, Kunststoffe, Porzellan, Stein, Glas und selbst Leder. Bei den Schleifmitteln auf Unterlagen handelt es sich nur zum geringen Teil um die einfachen Schleifpapiere und Schleifgewebe, wie sie in den Haushalten zum Einsatz kommen, sondern hauptsächlich um hochwertige Präzisionswerkzeuge für Industrie und Handwerk.

Verkauft werden diese Werkzeuge nicht nur als Blattware und Streifen wie sie der Normalverbraucher kennt, sondern auch als Bänder, Breitbänder, Rollen, zylindrische Ringe, Lamellenschleifräder, Fächerschleifer sowie Scheiben, und das in einer enormen Zahl von Abmessungen. Zum Einsatz kommen darüber hinaus eine Vielzahl von Körnungen von der groben Körnung P 12 bis zur feinsten P 2500.

Bei Schleifmitteln auf Unterlagen handelt es sich um stark erklärungsbedürftige Artikel, und bei Großabnehmern müssen oftmals gemeinsam kundenspezifische Lösungen erarbeitet werden. Die Tätigkeit als Vertriebschef war auch deshalb so interessant, weil man es mit einer Vielzahl von Branchen zu tun hat. Die industriellen Großkunden wie die Automobilindustrie, Möbelindustrie oder die Hersteller von Armaturen und Beschlägen werden von Starcke direkt beliefert. Die übrige Kundschaft einschließlich des Handwerks werden über den entsprechenden Fachhandel bedient.

Die ersten Monate des Jahres 1974 waren für mich recht anstrengend. In der Firma war viel Neues aufzunehmen und an den

Wochenenden pendelte ich zwischen Melle und Braunschweig. Im März bezogen wir dann eine Firmenwohnung in einem Zweifamilienhaus mit einem schönen großen Garten. Durch Obstbäume und Gemüsegarten waren wir in den Sommermonaten der folgenden Jahre auf dem Sektor Obst und Gemüse fast Selbstversorger. Das Einleben in Melle war einfacher als gedacht. In einer Kleinstadt bekommt man leichter Kontakte als in einer Großstadt. Auch meiner Frau gefiel es bald sehr gut in Melle. Und wenn man Großstadtluft schnuppern wollte, waren das schöne Osnabrück und Bielefeld in einer halben Stunde zu erreichen. Auch Münster war nicht weit entfernt.

Trotz der komfortablen parlamentarischen Mehrheit trat Willy Brandt wegen der Guillaume-Affäre 1974 zurück. Ausgerechnet dem Kanzler der Annäherung hatte die DDR-Stasi einen Spion untergeschoben. Brandt fühlte sich mitverantwortlich und zog die Konsequenzen. Viele Menschen sahen keine zwingende Notwendigkeit für seinen Rücktritt, vielleicht spielte auch eine gewisse Amtsmüdigkeit mit eine Rolle. Brandt hatte sich außenpolitisch zweifelsfrei Verdienste erworben und 1971 sogar den Friedensnobelpreis erhalten, aber wirtschaftspolitisch lief nicht alles nach Plan. Vor allen Dingen wurde er durch die Probleme mit der RAF stark belastet. Nach Abflauen der Achtundsechziger-Demonstrationen und Unruhen hatte sich die Rote-Armee-Fraktion, auch Bader-Meinhof-Gruppe genannt, gebildet. Diese Terrorgruppe überzog das Land mit Brandstiftungen und Bombenanschlägen. Mitte 1972 war zwar der harte Kern der Baader-Meinhof-Gruppe verhaftet worden, aber auch danach kehrte keine Ruhe ein. Eine neue Generation der RAF, die eng mit ausländischen Terrorgruppen zusammenarbeitete, versuchte durch Mord und Entführungen die Gesinnungsgenossen in den Gefängnissen freizupressen.

Helmut Schmidt, der 1974 mit den Stimmen von SPD und FDP zum Nachfolger von Willy Brandt gewählt wurde, hatte danach mit den gleichen RAF-Problemen zu kämpfen. 1977 wurden die maßgeblichen Mitglieder der Baader-Meinhof-Gruppe zu lebenslangen Haftstrafen verurteilt. Danach entführten RAF-Mitglieder den Arbeitgeberpräsidenten Schleyer und forderten die Freilassung der verurteilten RAF-Mitglieder. Als die Bundesregierung diese Forderung ablehnte, wurde der Arbeitgeberpräsident ermordet.

Kurze Zeit später erfolgte die Entführung der Lufthansa-Maschine „Landshut" durch palästinensische Terroristen nach Somalia. Mit dieser Entführung wollte man den RAF-Forderungen Nachdruck verleihen.

Die Bundesregierung gab erneut nicht nach. Wenige Tage später stürmte eine Sondereinheit des Bundesgrenzschutzes (GSG 9) die Maschine und befreite die Geiseln. Mit dieser konsequenten Vorgehensweise erwarb sich Kanzler Helmut Schmidt Respekt und Hochachtung breiter Bevölkerungskreise, auch im bürgerlichen Lager.

Auf wirtschaftlichem Gebiet lief es Mitte der siebziger Jahre nicht mehr so „rund" wie zuvor. Es hatte auch schon in den sechziger Jahren Strukturanpassungen gegeben, aber sie beschränkten sich hauptsächlich auf Nordrhein-Westfalen und das Saarland. Durch das Vordringen des Erdöls musste die Kohleförderung dem gesunkenen Bedarf angepasst werden. Es begann das Zechensterben an Rhein und Ruhr.

In den sechziger Jahren konnten jedoch die freigesetzten Arbeitskräfte weitgehend in anderen Branchen eingesetzt werden. So errichtete in dieser Zeit Opel das neue Werk in Bochum. Danach mussten zahlreiche Betriebe aus den Bereichen Textil und Bekleidung ihre Produktion in Deutschland aufgeben. Damals hieß es dann, diese Arbeiten können billiger im Ausland ausgeführt werden, wir in Deutschland müssen höherwertige Arbeitsplätze schaffen. Allerdings muss man an dieser Stelle bemerken, dass man nicht aus jeder Näherin eine Informationstechnik-Fachfrau machen kann.

Ab Mitte der siebziger Jahre mussten aber auch zunehmend Betriebe aus Technologiebranchen die Produktion aufgeben oder Konkurs anmelden. Ich kann mich noch erinnern, dass 1974, als ich bei Starcke meine Tätigkeit begann, die optische Industrie, etwa Rollei in Braunschweig, noch zu unserem Kundenkreis gehörte. Wenige Jahre später wurde die Produktion weitgehend eingestellt. Noch härter traf uns das Aus der Radio-, Phono- und Fernsehindustrie. Firmen wie Telefunken, Nordmende, Saba und Grundig gehörten zwar nicht zu den Super-Großkunden wie die Automobilfabriken, waren jedoch wichtige und bedeutende Abnehmer. Eine Firma nach der anderen musste aufgeben, und zum Schluss blieb nur noch Grundig als Kunde übrig. Bei Grundig waren wir Hauptlieferant für Schleifmittel auf Unterlagen und konnten auf Grund der stark zurückgehenden Umsätze genau beurteilen, wie es um die Produktion bestellt war. Es ist unverantwortlich, dass sich die Tarifparteien nicht auf Maßnahmen zur Rettung ganzer Branchen einigen konnten. So wie die Arbeitgeber in den Boomzeiten zahlreiche außertarifliche Zuwendungen gewährt hatten, müssten in Krisenzeiten auch Abschläge bei den Einkommen oder zusätzliche Arbeitszeiten möglich sein.

Die deutsche Lösung, mit kürzeren Arbeitszeiten und Lohnausgleich die Arbeitslosigkeit zu bekämpfen, ist ein Irrweg. In der menschlichen Geschichte ist es noch keinem Volk gelungen, durch immer weniger Arbeit steigenden Wohlstand zu erlangen. Die Flächentarifverträge sind ein Drama für den Arbeitsmarkt.

Alle Unternehmen, die zum Beispiel Metall verarbeiten, haben als Kontrahenten die IG Metall. Die ausgehandelten Tarifverträge gelten für alle Branchen der Metallverarbeitung, und das ist das Problem. Es gibt innerhalb der Metallverarbeitung Bereiche oder Firmen mit sehr starker Marktstellung oder geringem Arbeitskostenanteil, die durchaus hohe Löhne und Gehälter zahlen und verkraften können, aber auch Bereiche und Betriebe, die von zu hohen Personalkosten erdrückt werden. Wenn diese Firmen nach einiger Zeit Konkurs anmelden müssen, sagen die Gewerkschaften meist, dass dies am unfähigen Management läge.

Diese Aussage kann in einzelnen Fällen durchaus zutreffen, wenn jedoch ganze Branchen wie die Phono- und Fernsehindustrie die Segel streichen müssen, ist diese Behauptung eher unwahrscheinlich. Es ist kaum anzunehmen, dass alle Manager einer Branche unfähig sind, wobei das den Gewerkschaftsaufsichtsräten dieser Firmen schon früher hätte auffallen müssen.

Besonders tragisch sind Geschäftsaufgaben, wenn sie sich in strukturschwachen Regionen ereignen. Ich erinnere mich noch, wie in Wilhelmshaven und Umgebung Trauer und Erbitterung herrschte, als unser guter Kunde Olympia-Büromaschinen die Fertigung einstellen musste. Viele dieser tragischen Fälle gab es später in den neuen Bundesländern.

Um die Umsatzausfälle zu kompensieren und nach Möglichkeit noch einen Umsatzanstieg zu erzielen, bedeutete das für mich als Vertriebsleiter und für meine Mannschaft, ständig neue Kunden zu suchen und zu gewinnen oder bei bestehenden Kunden größere Umsatzanteile zu erreichen. Über die Jahre gesehen ist uns das auch gelungen. Ausschlaggebend hierfür waren ein guter Service, gute Kundenberatung, Liefertreue und Zuverlässigkeit, Produktverbesserungen und innovative Produkte sowie eine flexible Preispolitik.

Der Gesamtabsatz aller Schleifmittel auf Unterlagen (Produktion aller deutschen Hersteller plus Importe) entwickelte sich seit den siebziger Jahren immer etwas schwächer als die Gesamtkonjunktur bzw. das Bruttosozialprodukt. Das war das Ergebnis ständiger Rationalisierungen bei den Verbrauchern. Nicht etwa, weil die Schleifmittel für unsere Kunden einen so großen Kostenfaktor darstellen, sondern weil der Vorgang Schleifen in der Regel sehr lohnintensiv ist und aus diesem Grunde reduziert werden sollte.

Hinzu kommt noch, dass die Leistungsfähigkeit der Schleifmittel ständig verbessert wurde. Ein stagnierender Markt hat zur Folge, dass die Preise sehr umkämpft waren. Der Preisdruck nahm von Jahr zu Jahr zu, und so war auch Starcke ständig gezwungen, Rationalisierungen durchzuführen. Um konkurrenzfähig zu bleiben, musste teilweise auch die Weiterverarbeitung der Schleifmittel ins Ausland verlagert werden. Rationalisierungen und Verlagerung von Tätigkeiten ins Ausland hatten zur Folge, dass die Beschäftigtenzahl in Melle langfristig sank. Ohne diese Maßnahmen wäre aber der Bestand des gesamten Unternehmens gefährdet gewesen.

Dabei ist es der Firma Starcke fast immer während meiner 26jährigen Firmenzugehörigkeit gelungen, ohne betriebsbedingte Kündigungen auszukommen. Der Personalabbau konnte durch natürliche Fluktuation und Umsetzungen erreicht werden. Durch die vorausschauende und ausgewogene Personalpolitik war auch das Verhältnis zum Betriebsrat gut. Es war stets, auch bei manchen sachlichen Gegensätzen, von gegenseitigem Respekt getragen. In den meisten Perioden war die Zusammenarbeit mit dem Betriebsrat sogar vertrauensvoll und harmonisch. In den ersten Betriebsversammlungen, die ich bei Starcke erlebte, versuchte der externe Gewerkschaftsvertreter noch ein bisschen Klassenkampf in die Veranstaltung zu bringen, obwohl man sagen muss, dass die IG Chemie zu den vernünftigen Gewerkschaften zählt. Auf den beiden letzten Betriebsversammlungen, die ich mitmachte, wurde die Unternehmensleitung sogar ausdrücklich gelobt. Der Vertreter der IG Chemie erwähnte, dass es heutzutage leider keine Selbstverständlichkeit sei, wenn ein Unternehmen über Jahrzehnte ohne betriebsbedingte Kündigungen auskommt und sichere und humane Arbeitsplätze bietet.

Ich bin weiter der festen Überzeugung, dass ein gutes Verhältnis zwischen Unternehmen und Belegschaft bzw. ein gutes Betriebsklima äußerst wichtig für den langfristigen Geschäftserfolg sind. Manch ein hemdsärmeliger Unternehmer oder Manager wird sich noch wundern, wenn die Motivation der Mitarbeiter drastisch zurückgeht. Dann erfolgt Dienst nach Vorschrift ohne Begeisterung für die Sache.

Besonders in den neuen Bundesländern muss sich eine Unternehmenskultur mit sozialer Komponente noch verstärkt entwikkeln Dort trifft man häufiger als im Westen Führungskräfte mit kumpelhaften Verhalten an, aber viel schlimmer sind die Typen, die soziale Marktwirtschaft mit „Frühkapitalismus" verwechseln.

Betriebsbedingte Kündigungen und Massenentlassungen sind nicht zu verhindern, wenn der entsprechende Markt plötzlich und unvorhersehbar weg bricht. Es gibt aber auch Fälle, da hat man den Eindruck, dass das Unternehmen personell überbesetzt war oder mit dem Personalabbau zu spät begonnen wurde. Beides ist keine Meisterleistung des Managements. Festzuhalten bleibt aber, dass zu hohe Personalkosten eine Personalreduzierung zur Folge haben. Bei kluger Planung kann der Personalabbau jedoch in vielen Fällen gestreckt und sozial verträglicher durchgeführt werden.

Wie schon erwähnt ist der Absatz von Schleifmitteln auf Unterlagen ein ausgezeichneter Konjunkturbarometer. Deshalb erkannten wir bei Starcke Ende der siebziger, Anfang der achtziger Jahre sehr schnell die nachlassende Konjunktur. Da jetzt strukturelle

Probleme und konjunkturelle Probleme zusammenkamen, wurde die Arbeitslosigkeit erstmals seit dem Krieg ein ernstes Thema. Die SPD/FDP-Regierung unter Kanzler Schmidt versuchte, mit Konjunkturprogrammen gegenzusteuern. Rückläufige Steuereinnahmen, hohe Kosten für den öffentlichen Dienst und die Ausgaben für die Konjunkturprogramme verursachten erstmals in der Geschichte der Bundesrepublik erhebliche Staatsdefizite. Die FDP wollte eine Politik der fortschreitenden Staatsverschuldung nicht mitmachen und kündigte 1982 die Koalition mit der SPD. Kanzler Helmut Schmidt war bis weit in das bürgerliche Lager geachtet und anerkannt. Häufig hörte man den Ausspruch: „Der Schmidt ist ja ein wirklich guter Mann, nur leider gehört er der falschen Partei an." Mit der SPD war damals im wahrsten Sinne des Wortes „kein Staat zu machen". Weite Teile der Partei folgten dem pragmatischen innenpolitischen Kurs von Schmidt nur widerwillig und auch für den Nato-Nachrüstungsbeschluss, den Schmidt mittrug, war keine Mehrheit vorhanden. Nur vordergründig hat die FDP den Kanzler Schmidt gestürzt, im Prinzip ist seine eigene Partei für den Sturz verantwortlich.

Mit den Stimmen von CDU/CSU und FDP wurde Helmut Kohl zum neuen Bundeskanzler gewählt. In der Bundestagswahl von 1983 wurde die neue Koalition mit deutlicher Mehrheit von den Wählern bestätigt. Helmut Kohl hatte als Oppositionsführer die „Wende" angekündigt und tatsächlich änderte sich unter der neuen Regierung auch einiges. So wurden die jährliche Staatsverschuldung reduziert, wobei man noch nicht von echten Sparhaushalten sprechen konnte, denn dies hätte bedeutet, dass die Staatseinnahmen höher gewesen wären als die Ausgaben und das war nicht der Fall. Auch einige Reformen wurden eingeleitet.

An so brenzlige Fragen wie die Beschneidung der Macht des Tarifkartells wagte sich aber auch die neue Regierung nicht heran. So manch einer hatte sich gewünscht, dass die Wende ausgeprägter ausgefallen wäre, aber man hatte wenigstens das Gefühl, dass die Gesamtrichtung wieder stimmt.

In einem Punkt hat sich die neue Regierung von den Vorgängern kaum unterschieden. Gegen das Ausufern der Bürokratie wurde auch unter Kanzler Kohl herzlich wenig unternommen. So geniale

Gesetze wie zum Beispiel die Verpackungsverordnung, die unter Minister Töpfer erarbeitet wurde, sind geeignet, ganze Heerscharen von Mitarbeitern in der privaten Wirtschaft zu beschäftigen und hohe Kosten zu verursachen.

Bereits 1974, als ich zu Starcke kam, ist mir aufgefallen, wie stark gerade die mittelständische Wirtschaft unter der Flut neuer Gesetze und Verordnungen leidet. Bei Großunternehmen wie Conti Elektro oder VW habe ich das in der krassen Form nicht bemerkt. Diese Firmen beschäftigen eine Vielzahl von Spezialisten, die alle neuen Gesetze und Verordnungen beobachten und gegebenenfalls umsetzen. Die Gesetzesflut verteilt sich auf viele Schultern. Der Mittelstand muss die gleiche Zahl von Gesetzen beachten und umsetzen, nur steht ihm wesentlich weniger Personal zur Verfügung. Die Belastung für die Unternehmensführung ist enorm. Es heißt, „Unkenntnis schützt vor Strafe nicht" und so muss ein mittelständischer Unternehmer ständig befürchten, mit einem Bein im Gefängnis zu stehen, nur weil er ein Gesetz übersehen hat.

Der deutsche Staat versucht, wirklich alles gesetzlich zu regeln, und mit der EU ist noch eine weitere Gesetzgebungsmaschinerie hinzugekommen. Im Laufe der Zeit hat unser gesamtes Rechtswesen mafiose Züge angenommen. Juristen in der Ministerialbürokratie entwickeln immer mehr neue und komplizierter Gesetze und Verordnungen. Diese werden dann in den Fachausschüssen von Bundestag und Bundesrat meist noch komplizierter gemacht und vom Parlament verabschiedet. So ist dann die steigende Beschäftigung der deutschen Gerichte, also von Richtern, Staatsanwälten und Verteidigern für lange Zeit gesichert.

Auch für die Bürokratie auf allen Ebenen bedeuten die vielen neuen Gesetze und Verordnungen eine Beschäftigungsgarantie. Je mehr Gesetze, desto mehr muss kontrolliert werden, und auch die Zahl der Genehmigungen steigt. Dabei haben unsere Politiker als Gesetzgeber in letzter Zeit klar übertrieben. Da man die Zahl der Staatsdiener wegen der leeren Kassen nicht unbegrenzt erhöhen kann, kommt auf den einzelnen ausführenden Beamten wegen der Gesetzesflut so viel Arbeit zu, dass viele echt überlastet sind. Ich meine das nicht ironisch, sondern ernst.

In Deutschland trifft das Sprichwort zu, dass der Fisch vom Kopf her stinkt. Die im Bundestag vertretenen Parteien sollten Partei übergreifend einen Grundsatzbeschluss fassen, dass für jeweils ein neues Gesetz oder eine neue Verordnung zwei alte, bestehende gestrichen werden müssen. So würde man die Ministerialbürokratie zum Nachdenken und Arbeiten zwingen. Wenn ein solcher Beschluss nicht zu erzielen ist, sollte man wenigstens anstreben, die Gesetzgebungsmaschinerie zum Nichtstun zu verdammen. Eine Ministerialbürokratie, die sich ruhig verhält und nichts tut, ist für die Wirtschaft und das Land erheblich besser als eine, die immer neue Schikanen erfindet.

Ein Skandal ist es, dass unser Staat auf der einen Seite alles gesetzlich regeln will, andererseits die Gesetze aber nur ungenügend durchsetzen kann und seine elementarsten Verpflichtungen nur unzureichend erfüllt. Alle Staatswissenschaftler sagen, dass zu den wichtigsten Aufgaben des Staates der Schutz seiner Bürger an Leib und Leben und von dessen Eigentum gehört. Durch unser verkommenes und dekadentes Rechtswesen sind abschreckende Urteile nicht mehr möglich, mit der Folge, dass die Kriminalität immer mehr zunimmt und die Sicherheit der Bürger nur noch eingeschränkt gewährleistet ist.

Auch hier muss festgehalten werden, dass für die Missstände nicht die armen Polizeibeamten vor Ort verantwortlich sind, sondern die politische Führung, der Gesetzgeber und die Justiz.

Ob die Bundeswehr nach den vielen Sparrunden noch in der Lage ist, die Sicherheit vor äußerer Bedrohung zu gewährleisten, darf gleichfalls bezweifelt werden.

10. Kapitel

Zurück zu den achtziger Jahren: Der Umzug von Braunschweig nach Melle brachte den Nachteil mit sich, dass die Fahrten nach Kleinmachnow und Dessau deutlich länger dauerten. Seit es für uns die Reisemöglichkeiten gab, sind wir pro Jahr vier- bis fünfmal in die DDR gefahren. Seit Mitte der siebziger Jahre wurde von der DDR auch die Einreise mit PKW genehmigt. Die strengen Grenzkontrollen wurden bald zur Routine, aber ganz konnte man sich nie an die Prozeduren gewöhnen. Dabei haben wir alle Einreise- und Ausreisebestimmungen immer genau beachtet. Bei der Einreise mussten alle Gegenstände, die in die DDR eingeführt werden sollten in ein Formular eingetragen werden. Verboten war die Einfuhr von Zeitungen und Zeitschriften sowie von Ostgeld.

Nach den Kontrollen durch Volkspolizei und Zoll führte der nächste Weg zur DDR-Staatsbank, die an den Grenzübergangsstellen Filialen unterhielt. Dort musste der Zwangsumtausch vorgenommen werden. Für jeden Tag DDR-Aufenthalt musste ein Betrag von 13 DM eins zu eins gegen Ostmark umgetauscht werden. Die Umtauschbescheinigung war dann am Besuchsort der Meldebehörde vorzulegen. Anfangs war man gezwungen, zweimal die Meldebehörde aufzusuchen, zur Anmeldung und zur Abmeldung. Später wurde bei kurzzeitigen Besuchen beides zusammen erledigt.

Für die umgetauschten Ostmark hätte man theoretisch auch DDR-Produkte kaufen können, aber es gab kaum lohnenswerte Dinge, zumal für etliche Waren auch ein Ausfuhrverbot bestand. So benutzten wir die Ostmark-Beträge meistens, unsere Verwandten zum Essen einzuladen. Das war jedoch nicht immer so ganz einfach. Auch die Gastronomie war weitgehend enteignet worden. Die Betriebe befanden sich in Staatsbesitz und machten von Jahr zu Jahr einen stärker heruntergekommenen Eindruck. In Berlin und Potsdam fiel das nicht so krass auf. Dort gab es eine Reihe von Vorzeigeunternehmen, die nicht gerade Sterne vom Michelin bekommen hätten, aber doch ganz ordentlich bewirtschaftet wurden. Wenn man dort bekannt war und rechtzeitig bestellte und ein gutes Trinkgeld zu erwarten war, bekam man meist auch die gewünschten Plätze. In Dessau war das schon schwieriger, aber auch dort gab es einzelne ordentliche Betriebe.

Ostmark-Beträge, die wir nicht ausgeben konnten, hinterließen wir unseren Müttern. Da wir bei unseren vielen DDR-Ausreisen nie etwas „Verbotenes" mitgeführt haben, gab es auch keine nennenswerten Komplikationen. Und trotzdem hatte man vor jedem Grenzübertritt ein ungutes Gefühl. Oft musste vor den Abfertigungsstellen lange gewartet werden, dann wurden Koffer und Taschen kontrolliert und die ganze Prozedur war lästig. Dabei wurden wir in der gesamten Zeit von den DDR-Grenzern und vom Zoll korrekt behandelt. Nur einmal wurden wir schikaniert, dann jedoch mit voller Wucht.

Im Sommer 1983 hatten wir Bornholm für den Urlaub eingeplant. Die Hinfahrt erfolgte über Dänemark und Schweden und für die Rückfahrt hatte ich die Fähre von Rødby nach Saßnitz gebucht. Von dort wollten wir über Kleinmachnow nach Melle zurückfahren. Die DDR-Einreisepapiere hatten wir rechtzeitig erhalten und ich sah keine Probleme für die Rückfahrt. Der Tag der Rückreise kam, das Fährschiff sollte mittags Bornholm verlassen und nach zwei oder drei Stunden in Saßnitz eintreffen. Ich schwärmte Edith schon von unserer bevorstehenden Fahrt durch das schöne Mecklenburg und Brandenburg mit den herrlichen Alleen vor. Dann kam aber alles anders.

Zunächst hatte die Fähre wegen hohen Wellengangs zwei Stunden Verspätung und kam dementsprechend mehr als zwei Stunden später als geplant in Saßnitz an. Zu Edith sagte ich noch: „Das ist doch nicht so schlimm, es ist Sommer und lange hell, den größten Teil der Strecke können wir noch im Tageslicht fahren."

Auf der Fähre gab es eine Passstelle, wo ich die Formalitäten erledigen wollte. Ursprünglich hatte ich geplant, im Transit nach Westberlin zu fahren und dann von dort nach Kleinmachnow auszureisen. Die freundliche junge Dame in der Passstelle erklärte mir jedoch, dass Saßnitz ein offizieller Einreiseort für die DDR wäre und, dass ich mir somit den Umweg über Westberlin ersparen könnte. Hocherfreut nahm ich ihr Angebot an und sie stempelte unsere Pässe entsprechend.

In Saßnitz waren wir dann die Einzigen, die in die DDR einreisen wollten. Die übrigen Fahrzeuge fuhren unkontrolliert im Transitverkehr nach Westberlin oder in die Bundesrepublik. Die Kontrolleure konnten sich somit voll und ganz auf uns konzentrieren. Der Offizier vom Zoll fragte mich zunächst ob ich etwas „am Herzen" hätte, was ich Dussel ehrlicherweise verneinte.

Später fiel mir ein, dass die FAZ gerade über zwei Bundesbürger berichtet hatte, die in Helmstedt bei der Kontrolle vor Aufregung nach einem Herzinfarkt gestorben sind. Der Mann wusste, weshalb er die Frage stellte, denn die anschließende Kontrolle dauerte drei Stunden.

Ich musste wirklich alles auspacken, jede Tasche, jeden Koffer. Während der Kontrolle war der Offizier ausgesprochen höflich. So freundlich, dass es bald provozierend wirkte: „Bitte nehmen sie dieses Hemd einmal ganz auseinander, würden sie bitte so freundlich sein und diese Hosentaschen nach außen kehren ..."

Ich ließ mich aber nicht provozieren und blieb genauso freundlich. Nur die Blicke meiner Frau verfinsterten sich immer mehr. Alles was ich auspacken musste konnte sie anschließend wieder zusammenlegen und einpacken. Zu einem offenen Wutausbruch kam es aber auch bei ihr nicht.

Angst hatte ich während der ganzen Prozedur nicht, denn ich wusste, dass wir nichts Unerlaubtes bei uns führten. Ärgerlich war in erster Linie der Zeitverlust. Schließlich wurde das Handschuhfach vom Auto kontrolliert und dort fand er einen kleinen Stadtführer von Bremen. Diese kleine Broschüre enthielt die Sehenswürdigkeiten von Bremen und einige Seiten Reklame, unter anderem auch von zwei oder drei Strip-Bars mit den entsprechenden Fotos. Als er diese erblickte erklärte unser „Freund", dass die Einfuhr dieser Literatur verboten sei und die Broschüre beschlagnahmt werden müsse, was ich sofort akzeptierte.

Auf den Rücksitzen im Auto wurde dann noch ein Katalog eines Reiseveranstalters gefunden, der gleichfalls der Beschlagnahme zum Opfer fiel. Der Offizier winkte einen Untergebenen zu sich, gab ihm die beiden Broschüren und befahl ihm, ein Protokoll über die Beschlagnahme anzufertigen. Ein langer Fragebogen wurde nun im Zwei-Finger-Suchsystem ausgefüllt. Der junge Mann vertippte sich und begann wieder von vorne. Ich sagte ihm: „Für mich sind die Broschüren völlig wertlos, wir können sie zerreißen und auf das Protokoll verzichten." Er blickte mich mitleidig an und meinte: „Dann bekomme ich großen Ärger mit meinem Vorgesetzten."

So wurde dann auch der Fragebogen bis zum bitteren Ende durchgearbeitet. Es wurde schon dunkel als wir endlich in Saßnitz starteten. Von der schönen Umgebung war nichts mehr zu sehen, es wurde eine Nachtfahrt durch die schlecht beleuchtete DDR. Gegen drei Uhr In der Früh erreichten wir endlich Kleinmachnow. Meine Mutter hatte sich schon große Gedanken gemacht. Sie sah uns bereits im Straßengraben liegen.

Welche Erfahrungen konnte man aus den vielen DDR-Reisen in den siebziger und achtziger Jahren sammeln? Die Eindrücke waren äußerst zwiespältig. Auf der einen Seite entstanden neue Wohnungen, neue Siedlungen und auch neue Industriebetriebe, auf der anderen Seite war ein gewaltiger Verfall der Bausubstanz, besonders in den Innenstädten, zu beobachten. Auch zahlreiche Betriebe machten einen heruntergekommenen Eindruck. Bei der Sanierung oder besser gesagt „Nichtsanierung" von Schlössern und anderen geschichtsträchtigen Gebäuden waren die frühen SED-Genossen geschichtslose Banausen. Später entsann man sich auf Traditionen und rekonstruierte Gebäude wie das Konzerthaus in Berlin und die Semperoper in Dresden usw.

Die Leistungen der DDR-Sportler waren auf vielen Gebieten international Spitze und die DDR-Bürger waren stolz auf ihre Sporthelden. Die Infrastruktur (Telefonnetz, Straßen, Autobahnen) war in einem sehr schlechten Zustand.

Die Versorgung der Bevölkerung mit Gütern des gehobenen Bedarfs hatte sich gegenüber den fünfziger und sechziger Jahren nur wenig verbessert. Schlangen in und vor den Geschäften gehörten zum DDR-Alltag. Die Preise in der DDR waren relativ stabil, aber da der Geldmenge keine ausreichende Warenmenge gegenüberstand kam es immer wieder zu Verknappungen. Um überschüssige Kaufkraft abzuschöpfen und die Stimmung der Bevölkerung zu verbessern, wurden neben den staatlichen Konsum- und HO-Läden die staatlichen Exquisit-Geschäfte eröffnet. Dort konnten DDR-Bürger hochwertige DDR-Erzeugnisse und Importwaren für Ostmark einkaufen. Allerdings waren die Preise extrem hoch.

Daneben gab es noch die Intershop-Geschäfte. Dort konnten Bundesbürger oder westliche Ausländer für Westmark und andere harte Devisen größtenteils Westprodukte erwerben. Besonders preisgünstig waren Zigaretten und Alkoholika, die in der Bundesrepublik mit hohen Steuern belastet wurden. Auf diesem Wege verschaffte sich die DDR eine zusätzliche Deviseneinnahmequelle.

Später war auch DDR-Bürgern der Besitz von Westmark erlaubt und sie durften in den Intershop-Geschäften einkaufen. In der Spätphase der DDR entwickelte sich die Westmark fast zu einer Art Zweitwährung. So mancher Handwerker war schneller zur Stelle, wenn Westmark winkte. Ein großes Ärgernis für alle DDR-Bürger war der geringe Wert der Ostmark außerhalb der DDR.

Die DDR-Bürger ärgerten sich über materielle Probleme, eine tiefe Abneigung gegenüber dem System entstand bei vielen durch die fehlende Meinungs- und Reisefreiheit. Viele Menschen hatten auch die Bespitzelung durch die Stasi satt.

Es bestanden und bestehen überhaupt keine Zweifel, dass die Lebensbedingungen in der Bundesrepublik besser waren als in der DDR. Die Markwirtschaft hat sich gegenüber der Planwirtschaft als überlegen erwiesen. Trotzdem bin ich der Ansicht, dass viele DDR-Bürger die Verhältnisse in der Bundesrepublik zu optimistisch gesehen haben. Da gab es die überaus positiven Berichte der Eltern oder Großeltern nach Besuchen in der Bundesrepublik über die Zustände dort. Diese Aussagen waren gar nicht übertrieben, aber man muss bedenken, dass man dem Besuch aus dem Osten immer etwas „bieten" wollte und so die Situation zum Positiven überzeichnet wurde.

Ein Ärgernis in der DDR war auch das Thema Auto und langlebige Wirtschaftsgüter. So wurde dann der Vergleich gezogen, wie viel Monats- oder Jahreseinkommen ein DDR-Bürger für einen neuen Trabant oder Wartburg hinblättern muss und wie viel ein Bundesbürger für einen sogar noch besseren Westwagen. Der Vergleich fiel immer zu Ungunsten der DDR-Bürger aus.

Schon damals sagte ich in Gesprächen mit Freunden oder Bekannten, das diese Rechnung stimmt, aber trotzdem eine Milchmädchenrechnung ist. Von den hohen Einkommen im Westen gehen auch hohe Steuern und Sozialabgaben ab. Die Ausgaben für Miete, Grundnahrungsmittel und öffentliche Verkehrsmittel lagen im Osten bedeutend niedriger als im Westen. Ein direkter Vergleich war deshalb äußerst kompliziert.

Natürlich ging es dem durchschnittlichen Bundesbürger materiell deutlich besser als den DDR-Bürgern. Trotzdem bleibe ich bei meiner Auffassung, dass etliche DDR-Bürger die Situation im Westen zu rosig gesehen haben. Dadurch entstand auch bei der Wiedervereinigung teilweise eine äußerst hohe Erwartungshaltung. Heutzutage trifft man bei einigen Leuten eine extrem gegenteilige Meinung an. Die DDR wird, rückwirkend betrachtet, idealisiert und die vielen negativen Dinge werden einfach verdrängt.

Im Jahr 1983 wurden nicht nur Bundestagswahlen abgehalten. Auch für die Starcke Unternehmensgruppe war es ein besonderes Jahr. Anfang 1983 erlosch das Zündwarenmonopol. Bis dahin mussten alle deutschen Zündholz-Hersteller ihre Produkte gemäß festgelegten Quoten und zu festgelegten Preisen an die Deutsche Zündwaren-Monopolgesellschaft abgeben. Diese Gesellschaft verkaufte dann mit einem Monopolaufschlag die Zündhölzer an die einzelnen Bedarfsträger in der Bundesrepublik.

Nach dem Ende des Monopols war jeder Zündholz-Hersteller selbst für den Absatz seiner Erzeugnisse verantwortlich. Der Starcke-Vertrieb musste also ab sofort auch Zündhölzern verkaufen. Es war jedoch eine Situation, wie ich sie vorher noch nie erlebt hatte. Normalerweise hat jede Firma einen festen Kundenstamm, der gehegt und gepflegt und nach Möglichkeit noch ausgebaut werden soll. In diesem Fall hatten wir jedoch zunächst überhaupt keine Kunden. In Frage kamen die großen Unternehmen des Lebensmittelhandels (Edeka, Rewe, Aldi usw.), die Drogerieketten (Schlecker, Ihr Platz usw.) und der Tabakwaren-Großhandel.

Im Gegensatz zu Schleifmitteln mit einer sehr vielschichtigen Kundenstruktur hat man bei Zündhölzern etwa 90 Prozent des Bedarfs erfasst, wenn man mit den 15 bis 20 größten Bedarfsträgern Verhandlungen führt. Ausschlaggebend für eine Listung war hauptsächlich der Preis. Alle übrigen Verkaufsargumente hatten bei Zündhölzern untergeordnete Bedeutung.

Da Starcke eine leistungsfähige Zündholz-Fertigung hatte, konnten wir einige große Bedarfsträger als Kunden gewinnen und so die Kapazitätsauslastung zunächst sichern. Die entsprechenden Verkaufsverhandlungen waren jedoch nicht einfach. Jahre später, nach der Wiedervereinigung, musste ich oft an die ersten Monate des Zündholz-Verkaufs zurückdenken. Die wenigen Ost-Betriebe mit konkurrenzfähigen Produkten und konkurrenzfähigen Fertigungsanlagen hatten es noch viel schwerer als wir 1982/83. Sie standen plötzlich auch ohne Kunden da und mussten sich neue Abnehmer suchen, doch im Gegensatz zu uns in einem total verteilten Markt.

Mitte der achtziger Jahre waren die ausgesprochenen Boomzeiten vorbei. Die wirtschaftliche Entwicklung verlief aber einigermaßen befriedigend, was sich auch im Ergebnis der Bundestagswahl von 1987 widerspiegelte. Die Koalition aus CDU/CSU und FDP wurde bestätigt, allerdings mit einem etwas schlechteren Ergebnis als 1983. Wenn eine Regierung im Amt bestätigt wird, kann man davon ausgehen, dass die allgemeine Stimmung im Land ganz gut ist.

Das Ziel der deutschen Wiedervereinigung hatten die politischen Parteien 1987/88 fast aus den Augen verloren oder sogar aufgegeben. Am weitesten entfernt vom Ziel hatte sich die SPD. Aus dem ursprünglich Richtigen Motto „Wandel durch Annäherung" war „Wandel durch Anbiederung" geworden. SPD und SED hatten skurrile gemeinsame Gesprächskreise gebildet. Aus Reihen der SPD kam schon der Ruf, Honecker zuliebe die Zentralstelle zur Erfassung von SED-Unrecht in Salzgitter aufzulösen.

Sogar der CDU war in Sachen Wiedervereinigung in jener Zeit mangelnde Standhaftigkeit vorzuwerfen, wie mein Schreiben an die

CDU-Zentrale in Bonn deutlich zeigt. Am 9. August 1988 sandte ich dorthin folgende Zeilen:

„Betrifft: Kommission Außen-, Sicherheits-, Europa- und Deutschlandpolitik

Sehr geehrte Damen und Herren!

Vielen Dank für die Übersendung des Diskussionsentwurfs zur Außen-, Sicherheits-, Europa- und Deutschlandpolitik. Nachstehend einige Bemerkungen zu Punkt IV. Meines Erachtens ist schon die Überschrift falsch gewählt. Man kann doch das deutsche Problem nicht zusammenfassen unter der Überschrift „Mehr Begegnungen und Zusammenarbeit in Deutschland dienen der Freiheit und Einheit". Wohlbemerkt, diese Aussage ist richtig und ich begrüße es, dass sich die CDU jetzt auch zu dieser Politik bekennt. Aber die übergeordnete Aussage muss doch weiterhin lauten: „Wir fordern das Selbstbestimmungsrecht für alle Völker, insbesondere für unsere Landsleute in der DDR".

Diese Kernaussage gehört in die Präambel des Parteiprogramms.

Zur Anforderung eines Rechtes benötigt man auch nicht das Einverständnis der Nachbarn in Ost und West. Die ständige Anmahnung des Selbstbestimmungsrechtes sind wir unseren Landsleuten in der DDR schuldig, - man kann dies nicht folgenden Generationen Überlassen. Man kann sich auch nur wundern, dass dieselben Leute (in der CDU), die begeistert für die Menschenrechte und. das Selbstbestimmungsrecht in den entferntesten Regionen eintreten, bezüglich Deutschlands wie die „Laumänner" auftreten. Es ist für mich auch unverständlich, dass Deutschland Experten wie Lin1ine:r oder Friedmann am Parteiprogramm nicht mitgearbeitet haben oder nicht mitarbeiten durften.

Wenn ich nach nunmehr 20 Jahren Parteizugehörigkeit mir ernsthaft überlege, aus der CDU auszutreten, dann ausschließlich wegen fehlender Aktivitäten von Partei und Regierung in der Deutschlandpolitik.

Seit dem Sommertheater 1987 können sich meines Erachtens viele Mitglieder und Freunde der CDU nur noch sehr schwach mit der Politik der Partei identifizieren. Wahrscheinlich wählen die Meisten von Ihnen noch CDU, - aber man merkt ganz deutlich, dass sich diese Leute kaum noch für die Politik der Partei im Freundes- und Bekanntenkreis oder im Betrieb usw. so wie früher einsetzen. Unterschätzen Sie nicht das Nachlassen dieser Werbeaktivitäten. Ich befürchte, Sie werden auch bei den nächsten Wahlen noch „Ihr blaues Wunder! erleben. "

Schluß

Alle diese Sandkastenspiele wurden aber bald Makulatur, denn es nahte das Jahr 1989. Am 29. September 1989, meinem Geburtstag, heiratete in Dessau eine unserer Nichten und wir waren zur Hochzeit eingeladen. Eine gute Freundin unserer Nichte war nicht zur Feier erschienen. Sie gehörte zu den Tausenden DDR-Bürgern, die damals versuchten, über Ungarn in die Bundesrepublik zu gelangen. Ungarn war das erste Land, das seine Grenze nach Österreich und damit zu Deutschland für DDR-Bürger öffnete. Tausende andere DDR-Bürger hatten Zuflucht in der deutschen Botschaft in Prag gesucht und erhofften auf diesem Wege, eine Ausreise in die Bundesrepublik zu erreichen.

Es herrschte in diesen Tagen in der DDR schon eine Art Endzeitstimmung. Alle fragten sich, wie die DDR-Führung auf diese Vorgänge reagiert. Würde die DDR nun auch die Grenzen zu den „Bruderländern" dichtmachen?

Für den 1. Oktober 1989 hatte mein Bruder eine Reisegenehmigung in die Bundesrepublik erhalten. Natürlich nur für sich und nicht auch für seine Frau. Wenn damals DDR-Bürger, die noch nicht im Rentenalter waren, eine Reiseerlaubnis erhielten, wurde der Ehepartner sozusagen als Geisel in der DDR behalten.

Eigentlich wollten wir nach unserem Dessau-Besuch meinen Bruder in Kleinmachnow abholen und gemeinsam nach Melle fahren, aber seine Reisegenehmigung galt nur für die Ausreise per Bahn. So verabredeten wir uns in Braunschweig und fuhren von dort gemeinsam nach Melle.

In den folgenden Tagen und Wochen verfolgten wir sehr aufmerksam die Nachrichtensendungen im Fernsehen und im Radio.

Anfang Oktober durften alle DDR-Bürger, die in die deutsche Botschaft in Prag geflüchtet waren, über das Gebiet der DDR in die Bundesrepublik ausreisen. Es wurde auch ausführlich über die Montagsdemonstrationen in Leipzig und anderen DDR-Städten berichtet. Zehntausende DDR-Bürger riefen „Wir sind das Volk!" Mein Bruder war bei diesen Berichten sehr aufgewühlt und sagte „Hoffentlich geht das alles gut aus." Und tatsächlich wusste man nicht, wie die Staatsmacht auf diese gewaltigen Demonstrationen reagieren würde. Als wir Mitte Oktober meinen Bruder zur Rückreise verabschiedeten waren auch wir besorgt.

In der zweiten Novemberwoche stand eine Dienstreise nach Süddeutschland an. Da wir uns mit einigen guten Geschäftsfreunden abends privat treffen wollten, war Edith mitgekommen. Am 9. November wurden bis 18.00 Uhr die geschäftlichen Dinge geregelt und abends empfingen wir unsere Gäste im Hotel. Es wurde über alle möglichen Themen gesprochen und natürlich auch über die Situation in der DDR.

Zu dieser Zeit wussten wir nicht, dass alle Gedankenspiele und Überlegungen zu diesem Thema bereits überholt waren. Zwischen 11 und 12 Uhr verabschiedeten wir unsere Gäste und gingen ohne noch einmal Nachrichten zu hören schlafen. Die Maueröffnung haben wir also buchstäblich verschlafen. Am nächsten Morgen, als wir kurz nach 7 Uhr in den Frühstücksraum des Hotels kamen, empfing uns mein Außendienstmitarbeiter ganz aufgeregt mit den Worten: „Haben Sie schon Nachrichten gehört? Die Berliner Mauer ist gefallen, ist geöffnet worden."

Ich blickte ihn ungläubig an und er gab mir eine Tuttlinger Zeitung mit den neuesten Sensationsmeldungen. Auf der Weiterfahrt nach Dornstetten hörten wir ständig Nachrichten und auch hier gab es nur ein Thema, den Mauerfall.

Die Begeisterung über die Maueröffnung war nicht nur in Berlin, sondern generell in Ost und West groß. Es herrschte echte Euphorie und ich bedauerte, nicht in Berlin sein zu können. Zu verspüren war auch Erleichterung darüber, dass der Mauerfall friedlich und ohne Blutvergießen erfolgt war. Bei allen vorherigen Fehlern und Verfehlungen muss man es der DDR-Führung hoch anrechnen, dass die Situation friedlich gemeistert wurde. Es hätte auch leicht zu einem Bürgerkrieg kommen können. Die Entwicklung schritt rasant voran. Bald trat der so genannte „Runde Tisch" zusammen. Dort saßen neben Repräsentanten der DDR-Regierung auch oppositionelle Gruppen, die kurze Zeit später sogar an der Regierung beteiligt wurden. Bei den Massendemonstrationen in vielen Städten der DDR, die auch nach dem Mauerfall anhielten, erscholl jetzt nicht der Ruf „Wir sind das Volk!" sondern „Wir sind ein Volk!"

Es ist der historische Verdienst von Bundeskanzler Helmut Kohl, dass er gemeinsam mit Außenminister Genscher den Wunsch und das Verlangen des Volkes nach Wiedervereinigung politisch umsetzen konnte. Wichtigste Voraussetzung dafür war die Zustimmung von Michail Gorbatschow, Staats- und Parteichef in der UdSSR. Aber auch an die Unterstützung von US-Präsident Bush senior für die deutsche Position sollten wir uns erinnern. Im Gegensatz zu französischen und britischen Politikern, die plötzlich Bedenken hinsichtlich der Wiedervereinigung äußerten, hat Präsident Bush Bundeskanzler Kohl den Rücken gestärkt.

Im März 1990 fanden die ersten freien Volkskammerwahlen statt, aus denen das von der CDU/CSU unterstützte Wahlbündnis „Allianz für Deutschland" als Sieger hervorging. Lothar de Maiziere wurde Regierungschef. Am 3. Oktober 1990 wurde die Wiedervereinigung Deutschlands offiziell besiegelt und gefeiert. Im Dezember 1990 fanden die ersten gesamtdeutschen Bundestagswahlen statt, CDU/CSU und FDP erreichten eine überzeugende Mehrheit und Helmut Kohl wurde erster gesamtdeutscher Kanzler.

Die Firma Starcke hatte schon sehr frühzeitig Kontakte in Richtung DDR bzw. neue Bundesländer geknüpft. Mit der Einführung der DM zum 1. Juli 1990 wurden die Geschäftsbeziehungen erheblich erleichtert. Wie schon erwähnt, ist der Absatz von Schleifmitteln auf Unterlagen, da sehr viele Branchen bedient werden, ein äußerst gutes Barometer für die Beurteilung der wirtschaftlichen Entwicklung. Wir erkannten bei Starcke sehr schnell die großen Probleme in den neuen Bundesländern. Viele Betriebe mussten aufgeben und die Arbeitslosigkeit nahm bedrohlich zu.

Bei der Beurteilung der Probleme darf man jedoch nie Ursache und Wirkung verwechseln. Das müssen wir auch immer wieder den Landsleuten in den neuen Bundesländern sagen. Ursache der Probleme sind 45 Jahre Planwirtschaft oder anders ausgedrückt, 45 Jahre SED-Misswirtschaft. Wenn sich Länder wie Sachsen, Thüringen, Sachsen-Anhalt usw. nach 1945 marktwirtschaftlich hätten entwickeln dürfen, spricht nichts dagegen, dass sie 1990 ein vergleichbares Wirtschaftsniveau wie die Westländer erreicht hätten. Die Ausgangsbasis nach dem Kriege war in Ost und West gleich gut oder gleich schlecht. Die Zerstörungen im Westen waren mindestens so stark wie im Osten.

Die SED hinterließ 1989/90 der Bundesrepublik bei Industrie, Handel und Infrastruktur einen riesigen Haufen Schrott. Es gab zu wenige DDR-Betriebe, die weltmarktfähige Produkte anbieten konnten. Selbst die DDR-Bürger wollten nach der Wiedervereinigung Trabis, Wartburgs und viele Erzeugnisse aus eigener Produktion nicht mehr kaufen, und auf dem Weltmarkt waren diese Produkte für gute DM überhaupt nicht mehr absetzbar.

Dann gab es Betriebe, die zwar gute Produkte herstellten, diese jedoch wegen veralteter Produktionsanlagen nicht zu wettbewerbsfähigen Preisen anbieten konnten. Ein entsprechendes Beispiel ist Rotkäppchen Sekt in Freyburg. Anlässlich einer Werkbesichtigung viele Jahre nach der Wiedervereinigung erfuhren wir, das man nach 1990 gewaltig investieren und rationalisieren musste, um preislich mithalten zu können. Heute produziert man mit einem Drittel der Belegschaft in etwa die Mengen aus DDR-Zeiten.

Betriebe, die keinen Investor fanden, mussten aufgeben. Firmen, die investieren konnten, verringerten das Personal. Beides führte zu der hohen Arbeitslosigkeit in den neuen Bundesländern.

Ich hatte damals große Sorgen, das die Regierung das volle Ausmaß der Probleme nicht schnell genug erkennt. Deshalb auch meine mahnenden Worte, die als Leserbrief in der FAZ im Januar 1991 erschienen:

Großzügig in die Infrastruktur investieren

Dem Artikel „Auf langer Talfahrt" von Fritz Ullrich Fack in der F.A.Z. vom 17. Januar ist hundertprozentig beizustimmen. Die neuen Bundesländer und ihre Gemeinden müssen schnellstens und großzügig in die Lage versetzt werden, umfangreiche Investitionen in die Infrastruktur durchzuführen. Diese Investitionen sind erstens wichtig zur Ankurbelung der Konjunktur in den neuen Bundesländern, und zweitens sind sie Voraussetzung für weitere Investitionen der privaten Wirtschaft.

Die Teilung kann nur durch Teilen überwunden werden, das heißt, zur Finanzierung der Vorhaben im Osten müssen in den alten Bundesländern Subventionen abgebaut und staatliche Investitionen zeitlich gestreckt beziehungsweise verschoben werden. Wenn der Staat (Bund, Länder und Gemeinden) nicht den notwendigen politischen Willen zur Durchsetzung der erforderlichen Sparmaßnahmen aufbringt, müssen die einzelnen Bürger Einschränkungen vornehmen, das heißt die Steuern sind zu erhöhen. Eine weitere Erhöhung der staatlichen Kreditaufnahme kommt mit Rücksicht auf das jetzt schon hohe Zinsniveau nicht in Frage.

Bei den Hilfen für die neuen Bundesländer gilt der Grundsatz „nicht kleckern, sondern klotzen": Anders ist eine Initialzündung nicht zu erreichen. Wenn wir heute nur zögerlich helfen, wird es im Osten eine sehr lange Talfahrt geben, und dann gilt das Sprichwort „Der Geizige zahlt doppelt". Die Finanzierung einer langanhaltenden Arbeitslosigkeit wird im Endeffekt teurer als die Finanzierung von Investitionen. Ganz zu schweigen von der Resignation und Verärgerung der Bürger in den neuen Bundesländern.

Und was wird tatsächlich getan? Die Bundesbank hat das richtige Konzept – kann aber keine aktive Wirtschaftspolitik betreiben. Die CDU/CSU einschließlich Bundesfinanzministerium haben auch das richtige Konzept, aber es fehlt ein Ludwig Erhard, der mit der erforderlichen Konsequenz oder Sturheit dafür sorgt, daß das Richtige auch realisiert wird. Der große Wurf ist in den Koalitionsverhandlungen nicht gelungen, und unglücklicherweise hat man sich mit der Zusage, die Steuern nicht zu erhöhen, in eine Sackgasse begeben.

Frank Völker, Melle

In den Folgejahren wurde dann doch verhältnismäßig schnell gehandelt. Es wurden erhebliche Staatskredite aufgenommen und mit der Einführung des Solidaritätszuschlages erhöhte man de facto auch die Steuern. So konnten erhebliche Finanzmittel für den Aufbau Ost zur Verfügung gestellt werden. Große Summen flossen in die Infrastruktur (Autobahn, Straßen, Bahnanlagen, Telefonnetz usw.). Der von allen so sehnsüchtig erwartete selbst tragende Aufschwung fiel jedoch erheblich schwächer aus, als erhofft.

Viele Zulieferungen für den Aufbau im Osten kamen aus den alten Bundesländern. So flossen die Finanzmittel zum Teil wieder in den Westen zurück und wirkten hier wie ein gewaltiges Konjunkturprogramm. Die erhoffte riesige private Investitionswelle in den neuen Bundesländern fiel erheblich kleiner aus als gedacht. Als Hauptgrund für die verhältnismäßig schwache Investitionsneigung in den neuen Bundesländern sehe ich die Tatsache, das im Westen noch ausreichend Kapazitätsreserven vorhanden waren. Die Schleifmittelindustrie konnte z. B. den verhältnismäßig geringen zusätzlichen Bedarf spielend mit den vorhandenen Kapazitäten decken. Zudem wurden Großinvestitionen in Deutschland wegen des hohen Lohn-, Gehalts- und Kostenniveaus (z. B. Energiepreise) sowie wegen der vielen bürokratischen Auflagen generell immer schwieriger.

Nach der Einführung der DM und der weitgehenden Angleichung der Lebensverhältnisse boten die neuen Bundesländer auch keine besonders großen Kostenvorteile, was sich dämpfend auf die Investitionstätigkeit auswirkte.

Bei Starcke erlebten wir die Probleme des Standortes Deutschland sozusagen am eigenen Leibe. Ich erwähnte schon, das wir nach dem Auslaufen des Zündwarenmonopols im Jahr 1983 auch den Vertrieb von Zündhölzern übernommen hatten. In den Folgejahren machten der rückläufige Bedarf und die auf den Markt drängenden ausländischen Anbieter das Geschäft immer schwieriger. Es setzte ein drastischer Preisverfall ein und eine deutsche Firma nach der anderen gab auf.

Einige Jahre nach 1983 lasen wir in der Presse eine interessante Mitteilung der Firma Swedish Match. Die Schweden waren in Deutschland die größten Zündholz-Hersteller und produzierten hier in zwei Werken. Daneben besaßen sie noch mehrere Werke im Ausland. In der Pressemitteilung hieß es sinngemäß: „Der Standort Deutschland ist zu teuer, um so einfache Gebrauchsgüter wie Zündhölzer herzustellen. Wir werden deshalb unsere beiden Werke in Deutschland schließen und unsere Kundschaft mit Ware aus ausländischen Werken bedienen."

Dies hatte zur Folge, daß das Preisniveau für Zündhölzer weiter sank, und schließlich blieb nur noch Starcke als letzter deutscher Hersteller übrig. Grund genug für viele Zeitungen, einmal über die letzte deutsche Zündholzfabrik zu berichten. Auch mehrere Fernsehteams waren zu Dreharbeiten in Melle. Die „Sendung mit der Maus" beschrieb ausführlich die Zündholzproduktion.

Nach Monopolende hatten wir ursprünglich erwartet, den Konkurrenzkampf erfolgreich bestehen zu können. Die Starcke-Zündholz-Fabrik hatte moderne Produktionsanlagen und die Herstellung von Zündhölzern war nicht besonders personalintensiv. Aber die Situation spitzte sich auch bei uns von Jahr zu Jahr zu. Nicht nur unsere eigenen Personalkosten, sondern auch alle zugekauften Roh-, Hilfs- und Betriebsstoffe waren vom hohen deutschen Niveau belastet. Anfang der neunziger Jahre konnte von Gewinnen im Zündholzgeschäft keine Rede mehr sein. Wir erzielten noch nicht einmal eine Vollkostendeckung.

Zu einer Zeit, als wir bereits Überlegungen anstellten, die Zündholzproduktion einzustellen, kam Herr Starcke zu mir ins Büro und erklärte, das uns die Treuhandanstalt die Zündwarenfabriken in Riesa angeboten haben. Wir studierten die von der Treuhand übermittelten Firmendaten und kamen zu dem Ergebnis, das auch Riesa kaum Chancen hatte, die Produktion aufrecht zu erhalten.

In der Festschrift, die anlässlich des 175jährigen Jubiläums der Firma Starcke im Jahr 2004 herausgegeben wurde, heißt es auf Seite 152 zu diesem Thema abschließend:

„Für die Zündholzherstellung kam in diesen Jahren ebenfalls das Aus. In dem Konkurrenzkampf mit den Billiganbietern hatte das deutsche Zündholz wegen zu hoher Produktionskosten trotz Mechanisierung und Automatisierung keine Chance mehr. So musste auch Starcke den Tatsachen ins Auge sehen. Die wirtschaftlichen Zwänge ließen keinen Spielraum mehr zu. Der 23. Juni 1994 war der letzte Fertigungstag nach gut 100 Jahren Zündholzproduktion mit all ihren Höhen und Tiefen. Die Komplettmaschinen verkaufte Starcke an Zündholzfabriken im mittelamerikanischen Staat Belize und in Südafrika. Nach Aufgabe der Zündholzfertigung wurde nur vorübergehend der Kundenstamm mit in Singapur und Malaysia unter der „Matador"-Aufmachung gefertigten Zündhölzern bedient, bis schließlich dieser Geschäftszweig wegen mangelnder Rentabilität 1998 gänzlich eingestellt wurde."

Im Herbst 1994 fanden die zweiten gesamtdeutschen Bundestagswahlen statt. Die CDU/CSU-FDP-Regierung wurde im Amt bestätigt, allerdings mit einem schlechteren Wahlergebnis als 1990.

Immer mehr Menschen machten sich jetzt Sorgen oder Gedanken hinsichtlich des richtigen Weges für den Aufbau Ost. Anfang 1994 meldete sich auch Karl Schiller zu Wort. Es erschien sein interessantes und lesenswertes Buch „Der schwierige Weg in die offene Gesellschaft. Kritische Anmerkungen zur deutschen Vereinigung." Das Buch wurde vom Siedler-Verlag wie folgt vorgestellt:

„Der legendäre Wirtschaftsminister der Großen Koalition und spätere Superminister der Regierung Brandt zählt nicht zu jenen Beobachtern des Vereinigungsprozesses, die nur an der Klagemauer stehen. Manches sei richtig gemacht worden, anderes war gar nicht zu vermeiden, und angesichts der völlig neuen Lage mussten auch ungebahnte Wege beschritten werden.

So waren die letzten drei Jahre notwendigerweise eine Phase von Versuch und Irrtum. Aber angesichts der gewaltig ansteigenden öffentlichen Verschuldung ist die Orientierung auf einen Wendepunkt notwendig. Unbeirrt durch die schwankenden Stimmungen der Öffentlichkeit und die wechselnde Wählergunst müssen die Marktkräfte freigesetzt und Strukturen entbürokratisiert werden. Mit immer neuen Transferzahlungen und Subventionen allein kann die Kreativität der Wirtschaftssubjekte nicht geweckt werden.

Manches an der gegenwärtigen Entwicklung läuft auf einen Arbeitsamtsozialismus hinaus. Karl Schiller fordert, den Zusammenhang nicht aus den Augen zu verlieren, der zwischen den gesellschaftlich-geistigen und den ökonomischen Prozessen besteht. Das gegenwärtige Dilemma rührt auch daher, das gesellschaftliche Verhältnisse und Routine jene Innovationen erschweren, die in der alten Bundesrepublik das Wirtschaftswunder gefördert haben."

Im Prinzip verordnet auch Karl Schiller bittere Medizin und fordert Entbürokratisierung, Strukturwandel und Reformen. Bei einem Teil der regierenden Politiker stießen derartige Forderungen jedoch auf taube Ohren. So ärgerte ich mich Anfang 1998 stark über Minister Norbert Blüm, der in Appellen zur Veränderung gleich einen Großangriff auf den Sozialstaat sah.

Dabei war mir klar, das man gerade Norbert Blüm stets die besten Absichten unterstellen musste. Aber es ist ein großer Unterschied, das Beste zu wollen und auch das Beste zu tun und zu erreichen. Die derzeitige Haltung des Arbeitgeber-Präsidenten Hundt grenzt allerdings schon an Unverfrorenheit. Seine Verbände sind maßgeblich mitverantwortlich für fünf Millionen Arbeitslose. Jetzt, da die

Kosten der Arbeitslosigkeit bei allen Sozialsystemen (Arbeitslosenversicherung, Rentenversicherung) deutlich zu Tage treten, fordert er den sozialen Kahlschlag.

Schon Anfang 1998 spürte man förmlich, das sich ein gewisser Unmut gegenüber der Regierung in der Bevölkerung breit machte. Trotzdem stellte sich Kanzler Kohl erneut zur Wahl. Seine Pluspunkte lagen auf der Hand. Kohl wurde von vielen Deutschen weiterhin als Kanzler der Einheit verehrt. Im Ausland war der Kanzler wegen seiner verlässlichen Politik hoch angesehen. Einige Reformen waren in der Legislaturperiode auf den Weg gebracht worden. Aber es gab auch negative Aspekte. Die Arbeitslosigkeit erreichte im Herbst 1998 Rekordstände. Der Kanzler war auf Grund seiner Leistungen selbstbewusst, aber bei etlichen Leuten wirkte er schon selbstherrlich. Ich kann mich noch erinnern, das wir bei einer Rede Kohls mit Norddeutschen zusammen saßen und einige junge Leute sagten: „Ich kann den überhaupt nicht verstehen, warum bemüht er sich nicht, wenigstens etwas Hochdeutsch zu sprechen". Nach 16 Jahren Regierungstätigkeit traten bei etlichen Wählern Überdrusserscheinungen auf. Das Ergebnis der Bundestagswahl vom 27. September 1998 ist allgemein bekannt. SPD und Grüne siegten und Gerhard Schröder wurde Bundeskanzler. Schröder- war zur Wahl mit dem Motto angetreten: „Wir machen nicht alles anders, aber vieles besser." Die Wirklichkeit lautete aber eher: „Wir machen nicht alles anders, aber einiges schlechter." Einige der zaghaften Reformen der Kohl-Regierung wurden wieder zurückgenommen, weil sie angeblich unsozial waren.

Mit dem Ende des Jahrtausends am 31. Dezember 1999 beendete ich nach 26 Jahren Betriebszugehörigkeit meinen Dienst bei Starcke. Auf Grund der erfolgreichen Großinvestition in eine neue Fertigungsanlage stand das Unternehmen zum Ende des Jahrhunderts erfolgreich am Markt.

Im Juli 2002 sind wir von Melle in die alte Heimat nach Kleinmachnow umgezogen. Melle haben wir nicht leichten Herzens verlassen. Nach 26 Jahren hatte sich ein harmonischer Freundes- und Bekanntenkreis entwickelt. Aber auch zur alten Heimat nach

Berlin, nach Kleinmachnow und nach Dessau hatten wir in all den Jahren die Kontakte nie abreißen lassen. Und Berlin ist eine interessante Stadt mit einer zauberhaften Umgebung. Auffälligster Unterschied zwischen Ost und West ist weiter die Arbeitslosigkeit. In den alten Bundesländern ist die Arbeitslosenquote erheblich niedriger als im Osten, und außerdem hat sich im Westen ein verhältnismäßig großer Teil der Arbeitslosen mit Staatszuschüssen und Schwarzarbeit ganz gut eingerichtet.

In den neuen Bundesländern ist die Zahl derjenigen, die wirklich Arbeit suchen, aber keine finden, prozentual bestimmt höher als im Westen. Und das erzeugt bei den Betroffenen die „miese" Stimmung. Aber auch die derzeit Beschäftigten haben dadurch eine extreme Furcht vor der Arbeitslosigkeit.

Was mich allerdings an nicht wenigen neuen Bundesbürgern stört, ist der schnelle Ruf nach dem Staat. Ich war Gott sei Dank keinen einzigen Tag arbeitslos, aber ohne vier Umzüge bzw. Ortswechsel wäre dies auch nicht möglich gewesen.